味道東坡

苦日子也不能苦了肚子

貶到哪吃到哪的饕客文豪

沙爽——著

在「胸有成竹」之前，還得先「腹有成筍」？

是什麼樣的料理，惹得「眾狗不悅」？

可親可敬又可口，學大文豪如何享受人間滋味！

目錄

前言　老饕賦

1

有時想想，一個人在生前身後是否出名，多數時候是一場偶然事件。所以，看到那麼多才華橫溢或者對人類文明貢獻良多的人，最終在歷史中淹沒無聞，我們也並不覺得驚異。但是對某些人而言，出名這件事幾乎是命中注定——就像他們一生下來，就已準備好成為一個萬眾矚目的人物。他們是如此與眾不同，那種隱藏在身體內的光芒足以洞穿時間和空間，如同暗夜裡的星辰，璀璨奪目。

無疑，蘇東坡就是這樣的人物。

如果票選中國古代十大知名文人，蘇東坡高票入選應該是毫無疑問的。而且，他與另外幾位很可能也會榮獲這項頭銜的名人不同。比如說，屈原的名氣多多少少與他善於發揚自我有關；而李白和杜甫在有生之年裡，並沒有讓同時代詩人心悅服膺；至於同樣婦孺皆知的唐伯虎等人，其盛名更多來自民間的演繹——雖然經過後世的紛紜傳說，他們最終都變成了有名的諧星。但是我們知道，蘇東坡剛剛步入中年時，他的詩文已經在上至廟堂下及百姓中廣泛傳誦，其盛名甚至遠播到大宋帝國以外的疆域。有一年，他的弟弟蘇轍奉旨出使遼國，那些異邦的大臣們，紛紛向蘇轍打聽他兄長的近況。吃驚的蘇轍寫了一首詩寄給哥哥，他以一貫的低調文風，表達心中難以掩飾的自得：「誰將家譜到燕都，底事人人問大蘇？」

不僅如此，除詩酒風流、翰墨清香，蘇東坡的名字裡還透出一股誘人的香氣，和烹飪與美食緊緊連結在一起。

2

一般來說，一個人是否會成為美食家，並非因為他們主觀上比較「饞」，而應是因為客觀的生理原因——可能他的味蕾遠比常人更為敏銳豐沛，對食物美味的感知程度因而也異於他人。

說到味道，事情就是這麼巧——蘇東坡的先祖，名字就叫：蘇味道。

在群星閃爍的唐朝詩人中間，蘇味道其實不算是後世熟知的名人。幸好，他雖然沒有留下「君不見黃河之水天上來」之類的千古名句，但卻發明了「模稜兩可」這個重要的成語——按《舊唐書》的說法，蘇味道總結為官之道：凡事都不要過於清楚明白，因為一旦決策失誤，必會被追究和指責。所以，諸事都不妨模稜兩可，讓誰也抓不到任何把柄。蘇味道嚴格踐行這條做官守則，一生仕途順利，官運亨通，官至同鳳閣鸞臺平章事，躋身宰相高位。當然了，還在當世享有一個「蘇模稜」的美名。

蘇味道有四個兒子，其中三個兒子都「子承父業」做了官，只有二兒子蘇份無意仕進。蘇味道死後，歸葬祖籍趙郡欒城（今河北欒城），而蘇份則在眉山（今四川眉山）定居下來，成為眉山蘇氏的始祖。

蘇份的第九世孫名叫蘇洵。蘇洵生了兩個兒子，長子蘇軾，次子蘇轍。父子三人合稱「三蘇」，暱稱分別是老蘇、大蘇、小蘇。在後世總結出的「唐宋八大家」中，這父子三人就占了三個席位。

至於祖籍欒城，「三蘇」一直念念不忘，他們的詩詞書畫往往署名「趙郡蘇洵」、「趙郡蘇軾」，蘇東坡的墓誌銘上則寫明「蘇自欒城，西宅於眉」，而蘇轍的作品集乾脆就叫《欒城集》。

3

蘇東坡生於宋仁宗景祐三年（西元一〇三六年）夏曆十二月十九日，換算成現代的西元紀年，是一〇三七年一月八日——沒錯，他多磨難、善忍耐，屬於出了最多哲學家和偉人的摩羯座，生肖屬鼠。

別以為只有現代人才通曉星座。早在九百多年前，蘇東坡看到另一位文學大師韓愈老師的詩句「我生之辰，月宿南斗」，馬上就知道韓老師和自己一樣，都是摩羯座，頓時心生同病相憐之感：「而僕亦以磨蝎為命，平生多得謗譽，殆是同病也。」

讀來有沒有感覺腦洞大開？

但是，蘇東坡愛說愛笑，總是一張嘴就得罪人，也不像腹黑的摩羯人啊！

這引起了我的好奇心，我查了一下他的星盤。果然，他是太陽摩羯、月亮處女，上升和水星都落在射手，金星和火星又都落在雙魚。

簡單來說，太陽星座代表人的外在，月亮星座則代表內心。上升星座相當於一個人的面具，水星掌管口才，金星和火星決定了這個人的藝術傾向和身體能量。

所以，蘇東坡整個人表現出外向的活躍和快樂，恰好掩飾了他內在的理性和沉鬱。表面上他活力四射，內在的生命力卻是堅強而隱忍。

真是可惜，儘管蘇東坡遠比他的先祖蘇味道才華橫溢，但對老祖宗「模稜兩可」的為官之道卻未能心領神會。恰恰相反，他心直口快，最不擅長的就是含糊其詞、首鼠兩端。他一生動盪漂泊，大起大落，顯達時位極人臣，落魄時身陷囹圄，一度甚至到了性命難保的地步。但是說來有趣，他在仕途得意時雖然盡享人間美味，但對後世的美食史沒什麼貢獻；偏偏是在落魄之時，他遭遇貶謫流放，置身貧困的市井之間，作為美食家的天賦才被激發出來，這才誕生了今天「東城美食館」中羅列的種種美味。

4

蘇東坡不寫日記。他散漫自由的天性不適合這種流水帳式的紀錄。他不像靠砸缸出名的司馬光，也不像以邋遢著稱的王安石，他們都太嚴謹也太有條理（王安石又邋遢又有條理，這件事本身就是一個悖論）。儘管如此，蘇東坡仍然為我們留下了一千七百首詩詞、八百封私人信件和近一百萬字的散文作品，還有六百則著名的小雜記以及為數眾多的題跋。即使放在以電腦寫作的今天，這個創作量也相當傲人。由此可見，名家不僅要有「質」，足夠龐大的「量」也很重要。

正是因為有了這麼多作品，蘇東坡才留給後人一個吃貨的印象。因為在這些文字中間，有許多文章與吃有關。

比如說，他寫過一篇〈顏回簞瓢〉的文章。我們知道，孔子的得意門生顏回，一生都是「一簞食，一瓢飲，在陋巷」，生活儉樸、安貧樂道，是艱苦樸素的榜樣。但蘇東坡卻認為，顏回就是吃得太少了，才變得營養不良。如果他能多吃兩簞飯多喝幾瓢水，肯定不會只活到二十九歲。

這裡雖然有幾分調侃的意味，但也說明，蘇東坡先生在關於「吃」這種重要問題上極為認真。他認為，上天理應允許每個人享有他生命所需的一切，過度節儉並不值得提倡。

可惜，在蘇東坡的一生中，雖然有衣食無憂的飽足時光，但也不乏三餐難繼的艱辛歲月。

熙寧十年（西元一〇七七年），蘇東坡身在密州（今山東諸城）。此時蘇東坡的職務全稱是「權知密州軍州事」，簡稱「知州」，亦即密州太守。蘇東坡可以說是該地區的軍政第一把交椅，但是這個職務很辛苦。在蘇東坡任職期間，密州接連遭遇蝗災和旱災，百姓的日子苦不堪言，甚至到了連蘇東坡這個太守也要找野菜充飢的地步。為此他還寫了一篇〈後杞菊賦〉，這件事情留到後面細說。

正是這些沒吃少喝的悲慘境遇，激發了蘇東坡對美食的無限熱忱。有一天他讀孟郊的詩——眾所皆知，孟郊的詩風以苦寒著稱，與那位「二句三年得，一吟雙淚流」的苦吟詩人賈島有得一拚，故有「郊寒島瘦」之稱——再順便說一句，「郊寒島瘦」也是蘇東坡的發明。他在〈祭柳子玉文〉中，稱元稹詩風輕佻，而白居易俚俗易懂，即所謂「元輕白俗，郊寒島瘦」。

本來就飢腸轆轆，孟郊提供的這道精神食糧讓蘇東坡越吃越餓：

夜讀孟郊詩，細字如牛毛。
寒燈照昏花，佳處時一遭。
孤芳擢荒穢，苦語餘詩騷。
水清石鑿鑿，湍激不受篙。
初如食小魚，所得不償勞。
又似煮蟚蚏，竟日嚼空螯。
要當鬥僧清，未足當韓豪。
人生如朝露，日夜火消膏。
何苦將兩耳，聽此寒蟲號。
不如且置之，飲我玉色醪。

蟛蚏（ㄆㄥˊ ㄩㄝˋ），又叫「蟛螁」，古書上說這是指最小的螃蟹，有殼無肉，和吃小魚的感覺差不多，吃了半天卻只吐出一大堆刺，吃到嘴裡的肉可謂九牛之一毛。正是「所得不償勞」，這讓蘇東坡十分氣憤，〈讀孟郊詩二首〉便誕生了：

我憎孟郊詩，復作孟郊語。
飢腸自鳴喚，空壁轉飢鼠。
詩從肺腑出，出輒愁肺腑。
有如黃河魚，出膏以自煮。
尚愛銅斗歌，鄙俚頗近古。
桃弓射鴨罷，獨速短蓑舞。
不憂踏船翻，踏浪不踏土。
吳姬霜雪白，赤腳浣白紵。
嫁與踏浪兒，不識離別苦。
歌君江湖曲，感我長羈旅。

這裡所提到的「銅斗歌」指的是孟郊〈送淡公〉十二首中的第三首，詩中有「銅斗飲江酒，手拍銅斗歌」之句。但曾擔任偽滿洲國總理大臣的鄭孝胥，認為〈送淡公〉這首詩根本不值一提：「咄哉眉山叟，銅斗豈足論！」對蘇東坡的審美情趣嗤之以鼻。

後來蘇東坡門下集齊了「蘇門四學士」，即黃庭堅、秦觀、張耒和晁補之，其中黃庭堅尤擅書法，與蘇東坡、米芾、蔡襄並稱為北宋四大書法家。黃庭堅的書法字形細長，蘇東坡則正好相反，寫的字又厚又扁。有一次蘇東坡誇獎黃庭堅，稱他的字越寫越清勁，看上去活像「樹梢掛蛇」，黃庭堅也不客氣，馬上讚美蘇東坡的字就像「石壓蛤蟆」。

這一天，黃庭堅請蘇東坡過目自己的詩文，蘇東坡便隨口作了一番點評：「魯直（黃庭堅的字）詩文如蝤蛑江瑤柱，格韻高絕，盤餐盡廢。然不可多食，多食則發風動氣。」蝤蛑（ㄐㄧㄡ ㄇㄡˊ）也是螃蟹，江瑤柱是干貝。蘇東坡的意思是，黃庭堅的詩文就像生猛海鮮，吃起來味道甘美，讓其他菜餚頓時變得索然無味。但是這樣的海鮮不能多吃，因為難以消化，吃多了會讓腸胃不適，說不定還會得痛風。

蘇東坡熱愛美食，並且隨時隨地都能聯想到吃，這就是他之所以躋身為知名吃貨的有力證據。

5

真正奠定蘇東坡美食家巨擘身分的作品，還是要首推那篇著名的〈老饕賦〉。「老饕」一詞源自「饕餮」（ㄊㄠ ㄊㄧㄝˋ），是傳說中的一種動物，有頭卻無身體。也就是說，只有進，沒有出——「老饕」因此成了貪吃者的代名詞。

蘇東坡寫這篇〈老饕賦〉的時候在海南。他的遭遇真是「沒有最壞，只有更壞」——比起在密州時的景況，蘇東坡在海南的生活品質變得更糟了。在密州時吃野菜，多少還有點詩意的成分；可到了海南，滿臉的菜色把詩意都破壞殆盡了。海南當地只產山藥之類的粗糧，米和麵只能依靠大船從內地送來。到了無法通航的時期，粒米貴如珠，且往往有價無市。主糧尚且貧乏至此，副食就更不用說了。這時候想吃一口昔日的家常菜，就只能發揮豐富的個人想像力了。

饞涎欲滴、想像力爆發……蟄居孤島的蘇東坡神遊天外，寫下了偉大的「吃貨禮讚」：

庖丁鼓刀，易牙烹熬。水欲新而釜欲潔，火惡陳而薪惡勞。九蒸暴而日燥，百上下而湯鏖。

嘗項上之一臠，嚼霜前之兩螯。爛櫻珠之煎蜜，滃杏酪之蒸羔。蛤半熟而含酒，蟹微生而帶糟。蓋聚物之夭美，以養吾之老饕。

婉彼姬姜，顏如李桃。彈湘妃之玉瑟，鼓帝子之雲璈。命仙人之萼綠華，舞古曲之鬱輪袍。引南海之玻黎，酌涼州之蒲萄。願先生之耆壽，分餘瀝於兩髦。候紅潮於玉頰，驚爍響於檀槽。忽累珠之妙唱，抽獨繭之長繅。閔手倦而少休，疑吻燥而當膏。倒一缸之雪乳，列百柂之瓊艘。各眼灩於秋水，咸骨醉於春醪。

美人告去已而雲散，先生方兀然而禪逃。響松風於蟹眼，浮雪花於兔毫。先生一笑而起，渺海闊而天高。

庖丁解牛就不用說了，易牙是春秋齊桓公的倖臣，據說最擅長調味。有了好原料也要有好廚師，所以——

讓庖丁負責紅案，請易牙來掌勺；

烹呼叫的水啊一定要新鮮，鍋碗瓢盆乾淨很重要；

柴啊要晒得乾燥，火啊要燒得剛剛好；

有時候食物要反覆蒸煮再晒乾備用，
有時候要在湯鍋裡慢慢地文火煎熬。
以上還僅僅是大眾性常識，接下來才開始進入美食家的精華部分——
動物脖頸後那一小塊肉最鮮最嫩，
霜凍前的螃蟹啊最肥最美！
用熟透的櫻桃製成蜜餞，
用杏仁磨漿蒸成精美的糕點。
呀！香氣瀰漫，香氣瀰漫……
蛤蜊半生半熟地就著酒吃最美味，
蟹要鮮活地放進酒糟裡做成醉蟹才好。
啊！感謝造物的豐饒，
滋養著我們這些幸福的老饕！
如果享受的僅僅是味蕾帶來的快感，那還只能算是普通的吃貨。偉大的老饕講究的是味覺、視覺、聽覺全方位的極致享樂——

聽啊！美女們開始彈撥湘妃用過的玉瑟，
帝子敲過的雲璈也悠悠奏響。
看啊！多情的仙女萼綠華，
正伴著優美的〈鬱輪袍〉翩翩起舞。
讓我們舉起來自南海的玻璃酒杯，
斟滿涼州的葡萄美酒。
願長壽者飲過的瓊漿蔭佑我們的餘生！
看啊！少女們那泛起紅暈的臉，
檀香木的琵琶奏出的樂音如此扣人心弦。
一位歌女唱起了高音，
那高音，
如繭上的長絲，不絕於縷，
彷彿足可繞梁三日。
可憐歌女們的手指瘦軟卻沒辦法休憩，

哎，你們是不是唱得口乾舌燥？
要不要再塗點唇膏？
讓我們把整壇的美酒盡情傾倒，
再叫來一百艘酒船列隊，供我們暢飲！
你醉了，我醉了，一個個春光瀲灩、眼含秋水。
我醉了，你醉了，甘美的酒漿已浸透我們的骨髓。

此時的酒宴已達到高潮，然後眾人盡歡而散，酒足飯飽的蘇東坡開始煮茶品茗了——

美人告去啊賓客雲散，
蘇東坡我佳餚嘗遍，酒醉逃禪。
茶湯初滾，松風拂面，
一沸如蟹眼小泡，二沸似雪花飛濺。
茶香滌蕩肺腑，我大笑著起身，
眼前這海闊天高，又怎敵我胸中浩渺。

看到這裡，還有誰敢說，自己算得上一個真正的吃貨？

但是，陸游在《老學庵筆記》中記載的另一則故事，或許更能反映蘇東坡在「吃」上的態度。

那是在他到達海南之前，紹聖四年（西元一〇九七年）五月，蘇東坡帶著三兒子蘇過奔赴貶所。而與此同時，蘇轍亦被貶往廣東雷州（今廣東海康）。蘇東坡到達廣西梧州境內時，聽說弟弟尚在蒼梧縣西邊的藤縣。就這樣，兄弟二人相聚於雙雙被貶的路上。路旁有一家賣湯餅的小攤——那時麵條還不叫麵條，叫「湯餅」——大家肚子餓了，便各叫了一碗湯餅來吃。大概路邊的麵攤做的是一次性生意，根本不用管老顧客的問題，所以這碗麵超級難吃。吃慣了好飯好菜的蘇轍面有難色，怎麼也嚥不下去。再看蘇東坡，風捲殘雲一般，一鼓作氣吃光。抬頭看到蘇轍的臉色，蘇東坡忍不住哈哈大笑：「你還打算細嚼慢嚥呀？」

這就是蘇東坡。他能享受人間至上的美味，也能吞得下命運強加給他的艱辛和苦澀。他可以高居廟堂，也可以躬耕隴畝。而最最重要的是：自始至終，他都是快樂的。他是那樣莊重地對待生活和生命，他又是那樣詼諧地向宵小之輩投去無情的嘲諷。他留給我們一個永遠也品味不盡的——蘇東坡。

第一章　五穀

蘇軾畫作〈瀟湘竹石圖〉局部。
此畫構圖奇特、匠心獨運，
是以竹、石寄託情懷的中國文人畫典範。

皛飯和毳飯

1

在北宋的大臣裡，劉貢父是一個異數。作為當時的漢史權威人物，他幫助司馬光纂修了《資治通鑑》。此人博學強記，以治學嚴謹著稱。但治學之外，劉貢父在其他方面一點也不嚴謹。

劉貢父的性格和蘇東坡有點像，口無遮攔，還特別喜歡幫別人取綽號。比如他替支持王安石變法的蔡確取了個綽號叫「倒懸蛤蜊」，極盡刁鑽古怪之能事。因為南方人稱蛤蜊為「殼菜」，殼也讀「ㄑㄧㄠˋ」，兩個字倒過來讀，正好類似蔡確的名字。但是劉貢父的挖苦不止於此，更深一層在於諷刺蔡確口稱新政「解民倒懸」，其實相當於蛤蜊只會動動嘴、玩玩文字遊戲——蛤蜊確實也不過如此。

這樣的一副刁牙毒舌，太容易得罪同僚了，這點與蘇東坡也很像。所以兩個人每次碰面就像棋逢對手，總有很多笑料。

有一次，劉貢父請大家喝酒，家人有事來找蘇東坡，大蘇便起身告辭。劉貢父正喝得高興，意欲挽留，笑道：「幸早裡，且從容。」蘇東坡不假思索，張口便答：「奈這事，須當歸。」在座的諸位聞言，不禁為之絕倒。因為劉貢父話語的表面意思是時間還早，不用著急，其實句中包含了三種水果和一味中藥，即杏、棗、李和肉蓯蓉；而大蘇的答句裡也包含了三果一藥，即奈（蘋果中的一種）、甘蔗、柿子和當歸。

這一天，蘇軾和劉貢父聊天，聊起從前他和弟弟一起準備應試，為了能夠專心讀書，有大半年的時間，住在離家很遠的懷遠驛，雖生活清苦，但每天都能吃到「三白飯」，那種甘美的滋味，至今想來仍無比懷念。

劉貢父的好奇心被勾起了：什麼是「三白飯」？

蘇東坡數著手指告訴他，所謂「三白」，就是一碟白蘿蔔、一小撮白鹽，再加一碗白飯。

劉貢父聽罷大樂。

劉貢父最喜歡惡作劇。舉例來說，雖然他與王安石政見不合，但私交甚好。有一次劉貢父到王安石家拜訪，王家正在吃飯，僕人便將劉貢父請到書房中坐候。王安石的書桌上有一篇寫兵論的草稿，劉貢父記性極佳，匆匆瀏覽過一遍，又回到客席上正襟危坐。想想覺得不妥，就出去站在廊下假裝看風景。等王安石飯畢出來，兩個人便到書房落座，閒聊了一番。王安石問劉貢父最近有沒有寫什麼文章？劉氏便將剛剛看到的兵論文章複述了一遍。王安石一聽，心裡頓時涼了半截：原來自己頗為得意的這些「獨家高見」，別人早就想到了！他便將自己的新作撕了。

再說蘇東坡，隨口編排出一個「三白飯」哄騙完劉貢父，一下就忘了。

這天蘇東坡收到劉貢父的一張請帖，請他到家裡來吃「皛（ㄒㄧㄠˇ）飯」。蘇東坡知道劉貢父學富五車，這個「皛飯」一定大有來歷，於是欣然赴宴。到了劉宅，見桌上只擺著蘿蔔、鹽巴和米飯，蘇東坡這才明白劉貢父用「三白飯」敷衍他。吃完這頓「皛飯」，臨別之前，蘇東坡邀請劉貢父第二天到他家裡來吃「毳（ㄘㄨㄟˋ）飯」。

劉貢父猜到蘇東坡會回敬他，但他實在太好奇、太想知道蘇東坡會怎麼做這頓「毳飯」，難道雞、鴨、豬還能帶毛上桌？於是次日劉貢父如約前往。主客清談半晌，早就過了吃飯時間，劉貢父餓了，忍不住問大蘇何時開飯，蘇東坡說再等一會兒。詢問三次後，劉貢父忍不住了，蘇東坡這才慢條斯理地告訴他：鹽也毛（「毛」與「冇」讀音相似。

冇，音ㄇㄡˇ，意即「沒有」），蘿蔔也毛，飯也毛，三個「毛」加在一起，豈不就是「毳飯」？

劉貢父頓時笑倒。

蘇東坡如願扳回一局，這才吩咐擺飯上菜。

在古時，「皛」本是一種冷盤，屬於飯前甜品。但是經蘇東坡和劉貢父這樣一弄，就從此變成了經典的白飯、蘿蔔、鹽。

2

蘇東坡出生在務農之家，至少到他祖父蘇序這一輩，都是真正的農人。據蘇東坡自己表示，他的弟弟蘇轍長相、性情都像父親，而他自己呢，有點「隔代遺傳」，更像祖父蘇序。

年輕時的蘇序高大英俊，天性豪爽樂天。他擁有一大片土地，生活無憂無慮。雖然只是一個沒讀過多少書的農夫，但他似乎比鄉里的人更聰明。他不像別的農人那樣囤積糧食，卻把米換成帶殼的穀子大量儲存，家中的大倉房裡都裝滿這些穀子，足有三、四千石。沒有人知道他為什麼要這樣做，只歸因於他一向我行我素，不拘一格。但是後來，天災釀成了大饑荒，蘇序開始開倉放糧，他用他多年積下的不易腐爛的穀子，救濟了蘇氏家族和妻子的娘家人，以及佃戶和村裡的窮人。

閒來無事時，他喜歡和朋友帶著酒肉四處遊逛，累了就在草地上席地而坐，喝酒、說笑，大聲唱歌——根本就不像一個老實的農民。

有一天他正喝得興起，手裡拿著一大塊牛肉邊喝邊啃，喜訊來了：他的次子，也就是蘇東坡的二伯父蘇渙，考中了進士。

兒子當然知道父親的行事風格，特意派人送來告示、官帽、官袍和手笏。老人接過告示，高聲唸給大家聽，隨後把手裡的牛肉和告示塞進裝著官帽、官袍的包袱裡，讓同村的一個少年扛著，自己則歪歪斜斜地騎在小毛驢上進城。消息在街坊中傳開，人們站在街邊觀看這滑稽的情景，個個忍俊不禁。

同時考中進士的還有一個程姓人家的兒子。這個程家，就是蘇東坡母親的娘家。但程氏家族屬於貴族，家風雍容沉穩，眼見親家如此不成體統，自然感到「與有恥焉」。

但蘇東坡喜歡自己的祖父。在蘇東坡十二歲那年，蘇序去世了。我們知道，一個人的性格在十幾歲時就已經基本定型。從蘇東坡成年後的身影中，我們可以隱約窺見老祖父蘇序當年的模樣。

只是有一件事情比較尷尬：作為文人，蘇東坡當然時不時要寫各種「序」，但祖父的名字需要避諱。所以，蘇東坡所有的詩文，包括他為別人所作的題跋，沒有一個「序」字出現，全部用「敘」或「引」之類的字眼替代。

和祖父一樣，蘇東坡對糧食有特殊的直覺和偏愛。在他的詩詞中，出現了多次「米似珠」之類的比喻，他像一個真正的農人那樣讚美糧食和土地，滿懷自然而樸素的深情。

3

但如果想吃「毳飯」，總是有機會。在蘇東坡的一生中，尤其中年之後，一直都很節儉。他親自掌管家中的財政，以便量入為出。

而且，無論看起來多麼窮困潦倒，在蘇東坡生命中的每一個時期，只要條件允許，他都會親自勘查環境，考慮買房置產。儘管命運讓他不斷遷徙流離，但每到一個地方，他都會想方設法買下一些產業，用於出租或安居。他像一個勤謹務實的地主，如果沒有離鄉做官，可以想像他一定會將祖父留下的家業發揚光大。

讀蘇東坡的詩文，你會覺得此人沒什麼大志向，因為他好像總是在說，人生吃飽飯就夠了：「我生亦何須？一飽萬想滅。」（〈到官病倦未嘗會客，毛正仲惠茶，乃以端午小集石塔，戲作一詩為謝〉）；「先生食飽無一事，散步逍遙自捫腹。」（〈寓居定惠院之東，雜花滿山，有海棠一株，土人不知貴也〉）；「但有魚與稻，生理已自畢。」（〈過淮〉）；「醉飽高眠真事業，此生有味在三餘。」（〈二月十九日攜白酒鱸魚過詹使君，食槐葉冷淘〉）。最後一句的「三餘」指的是冬季、夜晚、雨天。因為在古人眼裡，冬天是一年中的空餘，夜晚是一天中的空餘，雨天則是農事勞動的空餘——這句七言詩翻譯後就是：「吃飽喝好就是人生中最偉大的事，我這輩子最喜歡的事就是賦閒不工作！」一副要呼應一千年後各種氾濫的勵志書籍的樣子。

終於，在被貶地黃州，四十四歲的蘇東坡重操祖業，化身為一介農夫。就連他在王弗病逝後續娶的夫人王閏之，也無師自通學會了替耕牛接生和醫病。而從蘇東坡在這一時期寫下的詩文和書信來看，如此重大的生命轉折，並沒有讓他陷入迷茫。也許，他本來就適應力超強，並且身體比一般的書生更健壯，才能應對這突如其來的體力考驗；也許，祖上數代人務農的經驗開始在基因中蠢蠢欲動了……但是，這個職業對他而言是這麼新鮮，看到春天的田地裡長出茸茸的綠芽，他既喜悅又驚訝；夏夜，他流連在親手種植的稻田旁邊，看尖尖葉脈上的露珠，每一滴露珠裡都藏著一枚小小的月亮；到了秋天，蚱蜢的鳴唱之聲在他的四周響成一片……而當剛舂出的米粒被放進蒸鍋，新米的清香是如此沁人心脾……〈東坡八首〉之四是這樣描述的：

種稻清明前，樂事我能數。
毛空暗春澤，針水聞好語。
（蜀人以細雨為雨毛。稻初生時，農夫相語稻針出矣）
分秧及初夏，漸喜風葉舉。
月明看露上，一一珠垂縷。
秋來霜穗重，顛倒相撐拄。
但聞畦隴間，蚱蜢如風雨。
（蜀中稻熟時，蚱蜢群飛田間，如小蝗狀，而不害稻）
新舂便入甑，玉粒照筐筥。

我久食官倉，紅腐等泥土。
行業知此味，口腹吾已許。

他擔心遠離稼穡的朋友們不懂村言俚語，特意寫了注釋。最後他情不自禁地感嘆：當年仕途順利，吃的是官倉裡的陳米；如今被貶謫到黃州，反而吃到了這麼新鮮美味的米飯！

蘇東坡就是這樣一個人。無論遭遇到怎樣重大的變故，只要有一點點收穫，他都會慶幸一番。

也是在黃州，他還寫了一篇小品文〈二紅飯〉，說有一年他家收穫了二十餘石大麥，若要出售，當年的市價又太低了。這時家裡的粳米正好吃光了，他就讓家人舂大麥做飯。於是，蘇家每天的開飯時光變得很有趣：

嚼之，嘖嘖有聲，小兒女相調，云是嚼蝨子。然日中飢，用漿水淘食之，自然甘酸浮滑，有西北村落氣味。

他還是覺得這飯的味道美中不足，便讓廚師加紅豆一起煮。這樣做出來的飯，色澤微紅，既有紅豆的清香，又兼有大麥的甘滑，這讓他甚為得意。妻子王閏之則笑稱，這就是蘇東坡發明的「新樣二紅飯」。

也正是在黃州期間的躬耕隴畝，蘇東坡知曉了白飯得來不易——插秧之日，農夫整天弓著腰站在泥水裡勞作，一天下來，腰痛欲斷，苦不堪言。而到了收穫的時候，這情形又要重演一遍。後來他發現有鄉人在用一種叫「秧馬」的工具，農夫可以坐在上面插秧和收穫，以雙足為動力，騎著「秧馬」在水田間移動，待插的秧苗就放在馬頭的位置，既省力又省時。他被這個小東西迷住了，仔細研究了一番製作方法，也研究了各部件所用木材，甚至還考據出《史記》中有關大禹過泥地時乘坐的那種木橇，就是「秧馬」。他還寫了一首〈秧馬歌〉，詳細介紹了這種古老實用的農具，又在寫給朋友的書信中，請他們在鄉間大力推廣。

可惜，能夠像他這樣設身處體會農夫辛勞的當政者太少了，「秧馬」最終也沒有被廣泛使用。至少，我仍常看見農人們以最原始的方式，一春一秋，彎腰在稻田裡勞動。

4

早在熙寧七年（西元一〇七四年）前後，蘇東坡由杭州通判調任密州太守之前，曾從鎮江前往宜興（今江蘇宜興），一到那裡，他就愛上了這個古稱「陽羨」的城市。且看〈常潤道中有懷錢塘寄述古五首〉其五：

惠泉山下土如濡，陽羨溪頭米勝珠。
賣劍買牛吾欲老，殺雞為黍子來無。
地偏不信容高蓋，俗儉真堪著腐儒。
莫怪江南苦留滯，經營身計一生還。

這是他寄給時任杭州太守陳襄的詩，「述古」是陳襄的字。本來，宋代的通判一職又稱「監州」，雖然名義上是地方上的第二把交椅，但通判卻不僅僅是知州的下屬，還有一項很重要的任務就是監督太守的工作。但蘇東坡與陳襄相處得非常愉快，成了很好的朋友。他幻想著將來在宜興置地養老，像個老財主那樣殺雞做飯，請陳襄來喝酒。

但他沒有想到，到了該養老的時候，他卻被貶到了遙遠的海南。

巧婦難為無米之炊，在不產稻米的海南島，蘇東坡真的嘗到了「毳飯」的滋味。〈縱筆三首〉其三寫道：

北船不到米如珠，醉飽蕭條半月無。
明日東家知祀灶，隻雞斗酒定膰吾。

一個「米勝珠」，一個「米如珠」，字面上看起來差不多，情境上卻是天壤之別。前者還在讚嘆宜興土地肥沃，產出的稻米晶瑩圓潤；後者卻只能哀嘆白米的珍稀與昂貴。膰（ㄈㄢˋ）原指古代祭祀用的熟肉，蘇東坡這裡拿來當動詞用。他碎唸說自己已經半個月沒有吃飽了，幸好明天鄰家祭灶神，雖然祭品微薄，但一定能請他吃一頓。

雖然此時蘇東坡還在努力擠出一絲幽默，但我們看了，只感到難言的心酸。我們看見，那個才華傲世、獨步古今的蘇東坡，他「白鬚蕭散滿霜風」的寂寥背影，獨佇在溪邊古路旁，看過往的行人在薄暮斜陽中偶爾路過。

這時，會有人停下來，陪他閒聊幾句嗎？

五穀與辟穀

1

人食五穀，難免生病。但有些病症似乎讓人羞於出口。

蘇東坡患有痔瘡，但他並不忌諱：「軾舊苦痔疾，蓋二十一年矣。近日忽大作，百藥不效。」那時候沒有痔瘡手術，也沒有療效顯著的藥物，雖然這不算什麼大病，卻和牙痛一樣，唯有患病者本人甘苦自知。

紹聖二年（西元一〇九五年）下半年，在被貶地惠州，蘇東坡的痔瘡又發作了，而且這一次比較嚴重，失血頗多。害得他閉門謝客，除寫信給朋友訴苦，連詩也寫不出來了。但他一直很注重養生，幾乎讀遍了能找到的全部藥書，並在書上詳加注解，區別各種易混淆的藥草特性。他的著作中還包括一部《醫藥雜說》，闡述在醫藥方面的個人見解，並記載了大量藥方。北宋末年，曾有位無名氏將他的這本書和沈括的《良方》合編在一起，整理成一部十五卷本的《蘇沈良方》，至今仍有十卷本傳世。

他認可關於「三尸蟲」在人體內作怪導致生病的解釋——在一千年後，我們知道這種神祕的蟲子就是現代醫學中所謂的細菌。他還認為最自然的療法就是「主人枯槁則客自棄去」，為了驅逐這些神祕的蟲子，他忌食酒肉和醬菜，「凡厚味皆斷」，甚至連粳米也不吃，只吃不加鹽的麵食，同時服用胡麻茯苓麵。如此食用了一個月，痔瘡居然痊癒了。他有些得意，寫信向朋友吹噓：「只吃此麵，更不消別藥，百病自去，此長年真訣也。」

蘇東坡是從哪裡得來的知識或靈感，製作出了治療痔瘡的胡麻茯苓麵呢？

答案令人難以置信：他是夢見的！

蘇東坡和弟弟蘇轍都很注重養生，兄弟二人經常交流心得，認為服食茯苓對身體大有裨益，並且雙雙實踐之。一天夜裡，蘇東坡夢見一位道士告訴他：茯苓性燥，應該和胡麻一起食用。他問胡麻是什麼？道士告訴他，就是脂麻（芝麻）。

夢中所聞，豈能盡信，蘇東坡半信半疑。但他隨即在書中找到了關於胡麻的記載，這才相信，夢中道士所言竟然是真的！他更加驚異，於是開始如言嘗試，並寫了一篇〈服胡麻賦（並敘）〉寄給蘇轍：

始余嘗服茯苓，久之良有益也。夢道士謂余：「茯苓燥，當雜胡麻食之。」夢中問道士：「何者為胡麻？」道士曰：「脂麻是也。」既而讀《本草》，云：「胡麻，一名狗蝨，一名方莖，黑者為巨勝。其油正可作食。」則胡麻之為脂麻，信矣。又云：「性與茯苓相宜。」於是始異斯夢，方將以其說食之，而子由賦茯苓以示余。乃作〈服胡麻賦〉以答之。世間人聞服脂麻以致神仙，必大笑。求胡麻而不可得，則取山苗野草之實以當之，此古所謂「道在邇而求諸遠」者歟？其詞曰：

我夢羽人，頎而長兮。
惠而告我，藥之良兮。
喬松千尺，老不僵兮。
流膏入土，龜蛇藏兮。
得而食之，壽莫量兮。
於此有草，眾所嘗兮。
狀如狗蝨，其莖方兮。
夜炊晝曝，久乃藏兮。
茯苓為君，此其相兮。

我興發書，若合符兮。
乃瀹乃蒸，甘且腴兮。
補填骨髓，流髮膚兮。
是身如雲，我何居兮。
長生不死，道之餘兮。
神藥如蓬，生爾廬兮。
世人不信，空自劬兮。
搜抉異物，出怪迂兮。
槁死空山，固其所兮。
至陽赫赫，發自坤兮。
至險肅肅，躋於乾兮。
寂然反照，珠在淵兮。
沃之不滅，又不燔兮。
長虹流電，光燭天兮。

嗟此區區，何與於其間兮。

譬之膏油，火之所傳而已耶？

瀹（ㄩㄝˋ），水煮之意。劬（ㄑㄩˊ），勞苦之意。

蘇東坡講述了夢中仙人告訴他胡麻之妙，且與伏苓配伍相得益彰後，詳細講了胡麻茯苓麵的製作方法，說芝麻要炒熟晾乾，茯苓要蒸或煮熟。並說此物能強身健體，延年益壽。可惜世人不信這些，空自辛勞到處搜尋那些奇怪迂腐的靈異藥物，結果枉費力氣。

也許有人會質疑蘇東坡在夢中得到道士諭示的可信度，但我卻相信他沒有說謊。有些知識我們在日常瀏覽時匆匆看過，並沒有留下什麼印象；但是，它們卻儲存於潛意識深處，在夢中，這些深藏在潛意識中的智慧得以神奇地顯現。這樣的情形，想來很多人都體會過。

回到正題，為什麼芝麻茯苓麵能夠治療痔瘡？中醫認為，芝麻味甘、性平，補肝腎、益精血、潤腸燥，可用於治療頭暈眼花、耳鳴耳聾、鬚髮早白等。而茯苓味甘淡、性平，益脾、安神、利水，主治脾虛洩瀉、心悸失眠等。直到今天，民間仍用此法治療痔瘡，只是變成了蘇氏藥方的省略版：用少量晒乾後的黑芝麻與調好的茯苓粉混合，每天服用二十克。

2

紹聖元年（西元一〇九四年），蘇東坡被貶為寧遠軍節度副使，惠州安置，不得簽書公事。在趕往惠州的途中，他意外遇到了方外至交吳復古，有這位神奇的老道士一路陪伴，他的心情很不錯。

十月，蘇東坡抵達惠州。天高皇帝遠，惠州人才不管他是什麼「罪官」，歡迎他的場面盛況空前。此前他被貶黃州時結交的好友黃州太守徐君猷，此時已經去世，但惠州太守詹范卻是徐君猷生前的好友。詹范在官驛裡為蘇東坡安排好住處。但是蘇東坡只住了半個月，詹范就接到警告，不得不讓蘇東坡搬到西枝江東岸的嘉祐寺，這裡的房屋雖比官驛破舊，但卻更為寬敞安靜。蘇東坡很喜歡此地，他在寺後的一塊空地上闢了一個小園圃，種了蔬菜，還有人參、地黃、枸杞、甘菊和薏苡——在當時，薏苡不僅僅是糧食，也是藥物。當然，到現代仍然如此。

惠州地處大庾嶺以南，當時還屬於化外蠻貊（ㄇㄛˋ）之邦、瘴癘橫行之地，氣候溽熱潮溼。直到四百年後，明代草書大家祝允明——我們喜歡叫他祝枝山——在多次會試落第之後，不得不參加吏部銓選，得授惠州廣寧知縣。我們要知道的是，在當時，一般的進士首授官職，也大多是從七品知縣做起。而祝枝山只不過是舉人，卻能得到這個「肥差」，正是因為惠州實乃朝廷官員貶謫流放之地，無人願去。祝枝山到任後，眼見得轄境內民風悍厲，匪患不絕，不由得仰天長嘆：「道惠何曾惠？言寧又不寧！」

惠州不惠，但是蘇東坡沒有選擇。別人是位卑未敢忘憂國，他知道憂國無益，便改為憂民——他先是把在黃州學到的秧馬和水碓（一種借水力舂米的工具）傳授給惠州的農民，又教他們怎樣用最低廉的成本防治瘴疫：「治瘴止用薑蔥豉三物，濃煮熱呷，無不效者。」但那時的惠州沒人做豆豉，也不產黑豆，他就寫信託人從廣州買進。一次就買了黑豆三石送給窮人。

蘇東坡到惠州的第二年秋天，惠州糧食豐收，米價大跌。而當時官府為了減輕漕運壓力，收田稅要錢不要米，農夫用錢納稅，不得不賤價賣出多倍的糧食。一時間嶺南錢荒，米賤傷農。

蘇東坡深感憂慮，他寫了一封長信給表兄程之才，詳細說明情況，請他及時與相關官員共同商議，准許「任從民便，納錢納米」，以解決米賤傷農和嶺南錢荒兩大難題。

這個程之才是誰呢？

這事說來話長，但有必要交代一下。

蘇東坡原有一兄二姊，但其中的一兄一姊幼年即已夭折，長大成人的只有姊姊八娘。八娘嫁給了舅舅的兒子程之才（字正輔）。也就是說，程之才既是蘇東坡的表兄，又是親姊夫。但八娘嫁到程家不久就患病亡故，箇中原因似乎與公婆對她不太好有關。蘇洵痛惜愛女，大怒如狂，宣布與程家斷絕關係，兩家自此反目成仇。

紹聖元年，也就是蘇東坡被貶惠州的這一年，程之才任職廣南東路提典刑律，掌管所屬各州的司法、刑獄和監察事務。不僅蘇東坡那些當權的政敵們認為有好戲看，蘇東坡也有考慮到這個問題。他託一位同鄉帶信給表兄，表達了和解之意。而程之才同樣想趁此機會了結上一代人的宿怨，便來到惠州探望表弟。兩家人四十餘年的怨懟，一朝冰釋。

蘇東坡的呼籲很快有了結果，官府准許各州農民交納田稅，可以錢糧各便。這樣，包括惠州在內，廣南東路十五個州的農民均因此受益。

3

蘇東坡在他的小園圃裡種的植物也都派上了用場。人參安神補氣，枸杞明目烏髮，甘菊清熱袪風，地黃補腎生津，薏苡解毒禦瘴，非常適合惠州風土。

蘇東坡為此特意寫了一組〈小圃雜詠〉，其中的〈薏苡〉詩是這樣的：

伏波飯薏苡，禦瘴傳神良。
能除五溪毒，不救讒言傷。
讒言風雨過，瘴癘久亦亡。
兩俱不足治，但愛草木長。
草木各有宜，珍產騈南荒。
絳囊懸荔支，雪粉剖桄榔。

東漢時，馬援官封伏波將軍。《後漢書》記載，馬援在交趾時曾食薏苡，服後輕身省慾，瘴氣不侵。從此，中原人便對薏苡另眼相看。馬援也覺得南方的薏苡籽大，想帶回北方當種子，因此他帶軍返回中原時，特意載了一車薏苡。結果這車薏苡引來了麻煩——馬援死後，有人上書稱，馬援用車載回的其實是珍珠和文犀之類的珍寶。蘇東坡因此感慨，薏苡能除五溪之毒，卻無法幫助馬援不被誹謗中傷。

荔枝是南方的美味水果，這自不待說。而桄榔（ㄍㄨㄤ ㄌㄤˊ）被剖開後，裡面的內皮中含有澱粉，可當餅充飢。蘇東坡大驚小怪地說：在南方，那些看起來和北方的蓬草、蘆荻一樣的東西，竟然可以入藥或是當糧食吃呢！

不謂蓬荻姿，中有藥與糧。
春為芡珠圓，炊作菰米香。
子美拾橡栗，黃精誑空腸。
今吾獨何者，玉粒照座光。

蘇軾接著說，想當年杜甫在逃難入蜀的途中，拾橡栗果腹，挖黃精充飢，而自己這種平凡人，竟然有福氣享用薏苡。薏苡啊薏苡，你珍珠般的果實，讓我蓬蓽生輝！

略有常識的人都知道，薏苡加赤小豆一起煮，對排溼消腫最有效。

說到赤小豆，蘇東坡也寫過一首〈紅豆〉讚美詩：

綠畦過驟雨，細束小紅霓。
錦帶千條結，銀刀一寸齊。
貧家隨飯熟，餉客借糕題。
五色南山青，幾成桃李溪。

「綠」、「紅」、「銀」……多跳躍的色彩；客隨主便、紅豆烱飯……多溫馨的畫面；青南山、桃李溪……多美麗的風景。

一句話：在吃貨的眼裡，好吃的東西最讓人回味！

4

在路上巧遇蘇東坡後，一路陪同他來到惠州的吳復古，字子野，是個傳奇人物。他生於景德元年（西元一〇〇四年）——也就是說，這一年，他已是九十一歲高齡，居然還能夠閒雲野鶴般行走於四海之間。吳復古的父親吳宗統官至翰林侍講。因此吳復古原也可以承襲父蔭，但他無意仕途，堅辭不受。後來他被舉薦為孝廉，任皇宮教授之職，但沒多久，吳復古就以「孝養」為由，上表請辭。宋神宗嘉許其孝心，准其所請，並欽賜他為「遠遊先生」。

吳復古已習慣四海為家，不像蘇東坡擅長精烹細煮，但他會一種最原始也最美味的吃法：燒烤。

在惠州，除夕之夜，兩個人就曾邊閒聊邊吃燒芋。蘇東坡在〈除夕訪子野食燒芋，戲作〉中說道：

松風溜溜作春寒，伴我飢腸響夜闌。
牛糞火中燒芋子，山人更吃懶殘殘。

這裡的「芋子」，應該是俗稱芋頭的芋艿。

後來到了海南，蘇東坡自己也烤山藥吃，烤山藥很美味，蘇東坡吃得很高興，就大發感慨。在惠州時，他說「日啖荔枝三百顆，不辭長做嶺南人」，到了海南，他又說「日啖薯芋，而華堂玉食之念，不存於胸中」——他當時很可能真的這樣想。但就在他到海南的第三年，元符二年（西元一〇九九年）四月，海南米糧短缺，價格飆升，蘇東坡父子大有斷炊的危機。

蘇東坡靈機一動，想到了一個萬全之策：辟穀。如果不吃飯也餓不死，那就既不怕斷糧，還可以省下很多銀子。

據說辟穀的發明者是三國的郄儉。他年輕時外出打獵，不小心掉進一個廢棄的古墓，爬不出來，差點餓死。這時他看見墓中有一隻大龜，伸長脖子想張口吞嚥空氣。郄儉便模仿大龜的動作，沒想到飢餓感竟然慢慢消失。直到一百多天後，才有人偶然路過，將他救出。郄儉從此成了當時有名的氣功家——這是明確記載在《藝文類聚》中的一則故事。

但蘇東坡另有一套說法。他說一個洛陽人掉進了深坑裡，黎明之時，坑底的蛇和青蛙都將頭轉向從縫隙中射進來的陽光，像是要將光線吞嚥下去。也許蘇東坡覺得，郄儉置身的古墓太過陰森恐怖，而吞食陽光的細節卻充滿詩意。

我們知道蘇東坡在患痔瘡期間，只吃胡麻茯苓粉，基本算是服藥辟穀。另一種服氣辟穀就是什麼也不吃，甚至連水都不喝。反正又沒有胡麻茯苓粉能吃，於是他決定練習服氣辟穀，激發身體的極限潛能。

無論是郄儉還是那個掉進深坑裡的洛陽人，他們都是被迫練習辟穀。這讓蘇東坡覺得自己的心態良好——他不是被動，而是主動。他要用這種道家的修仙之法，排除體內的穢氣，延年益壽。《莊子．逍遙遊》不是說了嘛：「藐姑射之山，有神人居焉。肌膚若冰雪，綽約若處子，不食五穀，吸風飲露。」——就算將來餓肚子，他也可以餓得與眾不同，餓得仙風道骨，餓得步履從容。

有福同享，他當然不能自己獨享這份妙境，於是拖著三兒子蘇過陪他一起練習「吞服陽光」。

不幸的是，蘇東坡的這場辟穀實驗最終宣告失敗。經過一番深刻的反思後，他寫了一篇〈辟穀之法〉，總結失敗的教訓：

此法甚易知，甚易行，然天下莫能知，知者莫能行，何則？虛一而靜者，世無有也。

他認為自己的身心還沒有達到真正的虛空和寧靜。這也難怪，因為世上本來就沒有這樣的人。

也許，蘇東坡本來的想法是：可以大吃，也可以不吃。從美食到辟穀，這才是美食家的最高境界。但是蘇東坡沒有抵達這個境界，他也輕易原諒了自己。

炊餅之歌

1

在蘇東坡與餅最有名的一則故事中，友情客串者當然是佛印。話說有一天，蘇東坡和黃庭堅在金山寺中做麵餅，餅熟了後，二人先供奉給觀世音菩薩，並叩拜禱告。不料佛印早已聞到餅香，悄悄溜進來，藏在神帳後面，趁蘇黃二人跪禱時，吃掉了兩張餅。蘇東坡拜完菩薩，起身一看，少了兩張餅，趕緊又跪下禱告：「觀音菩薩如此神通，為何不出來見面？」佛印在帳後應聲答道：「我如果有麵，就跟你們一起做幾張來吃，豈敢空來打擾！」

明明此「麵」非彼「面」，但此麵和彼面又如此密切相關，這就是漢字最有趣的地方。

在第二個有名的故事中，大師參寥出場了。蘇東坡在被貶黃州期間，經常到安國寺與好友參寥吟詩下棋。有一天二人下棋下得忘我，麵條被煮爛了。參寥靈機一動，用油去炸這坨麵，竟然十分美味。蘇東坡便依此研製出一種千層餅，這便是著名的「赤壁東坡餅」。

故事有名，未必就接近史實——參寥禪師是杭州人，他修行的寺廟當然也在杭州。但是蘇東坡擔任杭州通判期間，與參寥並不相識，倒是他遷任徐州太守之後，參寥曾前往探望，二人作詩酬答，從此成為至交。蘇東坡說參寥的詩「無一點蔬筍氣，體制絕似儲光曦，非近詩僧可比」——還是與吃有關。

參寥本姓何，號參寥子。一生中兩度被迫還俗，皆關乎蘇東坡。第一次是因收藏了蘇東坡相贈的詩稿，在「烏臺詩案」中受到牽連，被勒令還俗。後來，蘇東坡出任杭州太守，將參寥原來的法名「曇潛」改為「道潛」，恢復了參寥的僧籍。但是蘇東坡被貶海南之後，參寥卻因為度牒上的名字有出入，遭宵小之輩告發，再次被削沒僧籍。

不過，在二人的交往中的確有一事與餅有關。

當時蘇東坡被貶黃州，參寥專程前來探望，住於東坡雪堂。在參寥到來之前，蘇東坡曾用餅跟附近的小孩們換了二百九十八枚怪石，送給佛印，並作有〈怪石供〉一篇。佛印打算將此文刻到石上，以饗同好。而就在參寥來到黃州前後，蘇東坡又得到了二百五十枚怪石。

這天，蘇東坡與參寥大師參禪：「予以餅易諸小兒者也，以可食易無用……今以餅供佛印，佛印必不刻也，石與餅何異？」意思是我用餅跟小孩子換來怪石，是用可以吃的東西交換無用之物，但如果我是送餅給佛印，他肯定不會刻石記其事。那麼石頭和餅有什麼區別呢？

參寥的回答是這樣的：「然。供者，幻也。受者，亦幻也。刻其言者，亦幻也。」又以手示意蘇東坡：「拱此而揖人，人莫不喜。戟此而詈人，人莫不怒。同是手也，而喜怒異，世未有非之者也……」大意是，不管是你蘇東坡，還是他佛印，或是刻石這件事，全部都是浮雲。以手向人作揖，人人高興，但指著人家開罵，別人肯定會生氣。同樣是一隻手，但換來的喜怒大相逕庭，世人莫不如此啊……

知己就是知己，蘇東坡準確聽出了這番話的弦外之音，知道參寥大師想要他最近得到的那二百五十枚怪石，只是不好意思明說。於是，蘇東坡立刻把這堆其實是浮雲的石頭送給了參寥，又作了〈後怪石供〉一篇相贈。

主客皆大歡喜。

2

「東坡餅」確實誕生在蘇東坡謫居黃州期間，並且的確與出家人有關。

黃州並無名山，而與黃州隔江相望的武昌（今湖北鄂州）卻有一座西山。鄂州西山是孫權當年登壇即位的地方。時孫權以鄂州為都城，「欲以武而昌」，故名武昌。東吳以降，西山成了歷代文人墨客的登臨勝地，如晉代陶侃、唐代元結都曾在山上結廬讀書。此山山勢綿延、澗谷深密，中有浮屠精舍，依山臨壑、蕭然絕俗。蘇東坡常渡江前往西山遊覽，在西山九曲亭，他寫過一首〈西山戲題武昌王居士并引〉，說他在那裡喝酒，吃乾鍋瓜羹。後來他在做官時，與翰林學士鄧聖求一起值夜班，鄧聖求早年曾任職武昌，二人便聊起了當年遊武昌西山的舊事，不禁感慨，蘇東坡就寫了首〈武昌西山〉詩：「春江淥漲葡萄醅，武昌官柳知誰栽。憶從樊口載春酒，步上西山尋野梅。西山一上十五里，風駕兩腋飛崔嵬……」詩甚長，大有李白〈蜀道難〉的神韻，但沒有提到「東坡餅」。

「東坡餅」不是蘇東坡的發明，而是西山靈泉寺的僧人們招待蘇東坡的餅。靈泉寺前有一眼泉，名為「菩薩泉」。泉水色白而味甘，清洌異常，用之烹茶，是為上品；取而冷飲，據說可祛病強身。關於這泉水，蘇東坡在〈武昌酌菩薩泉送王子立〉中說道：

送行無酒亦無錢，勸爾一杯菩薩泉。
何處低頭不見我？四方同此水中天。

因為泉水好，蘇東坡拿來當酒為子姪輩的王子立送行，省省錢。

僧人們汲菩薩泉水和麵，無須發酵，也不加香料，炸好的餅自然香甜酥脆，色香味俱佳。蘇東坡吃完，臨走時，不忘為下一次打秋風鋪陳一番：「爾後復來，仍以此餅餉吾為幸！」

蘇東坡吃過還想再吃的餅，如果不列為天字第一號「東坡餅」，僧人們可不服氣。

到了清同治三年（一八六四），兩湖總督官文遊西山品茗，吃到此餅，得知是蘇東坡先生當年品嘗過的餅，頓覺三生有幸，五內生輝，即興書了一副對聯：「門泊戰船憶公瑾，吾來茶話續東坡。」

「東坡餅」的製法其實並不複雜：原料也就是白麵粉、白糖、精鹽、芝麻油等，色澤金黃，質地鬆酥爽脆，醇厚香甜，以香茗佐食，別有風味。

3

當年的黃州人民似乎喜歡吃酥餅。黃州主簿劉唐年就曾招待蘇東坡和參寥大師吃過一種用米粉做的餅。

蘇東坡吃了劉主簿家的餅，覺得非常好吃，想請教一下麵餅的尊姓大名，但這種餅還沒有名字。蘇東坡仍窮追不捨：「為甚酥？」為什麼這樣酥脆？從此，這餅就有了大名：為甚酥。

在黃州，蘇東坡還與潘鯁、潘丙兄弟倆交情頗為深厚。潘鯁之子潘大臨好詩書，常到東坡雪堂拜訪，漸漸與蘇東坡成了忘年之交。

潘大臨不善生計，家境貧困，性情又比較迂腐，出了不少笑話。有一次，他一位姓謝的朋友寫信給他，問最近有沒有得意之作，潘大臨回信說，前一天他沒事閒躺在床上，聽窗外風雨聲，剛寫了一句詩「滿城風雨近重陽」，催租金的人就來了，一下掃了他的詩興，所以就只寄了這一句詩給謝生。

潘大臨也釀酒，但他釀的酒味道稀薄，像加了水；還有股酸味，像兌了醋。蘇東坡打趣：難道是酒裡放成了醋？加成了水？

這一天，蘇東坡全家外出郊遊，就帶著潘大臨送給他的酒。玩到肚子餓了，蘇東坡忽然想起上次在劉唐年家吃的「為甚酥」，趕緊寫了兩首詩請人送去，題目是〈劉監倉家煎米粉作麵餅，余云為甚酥。潘邠老家造逡巡酒，余飲之，云：莫錯作醋，錯著水來否？後數日，攜家飲郊外，因作小詩戲劉公，求之〉：

一杯連坐兩髯棋，數片深紅入座飛。
十分瀲灩君休訴，且看桃花好麵皮。
（唐人詩云：未有桃花面皮，先作杏子眼孔）
野飲花間百物無，杖頭唯掛一葫蘆。
已傾潘子錯著水，更覓君家為甚酥。

前一首是妝點，後一首才是重點——這麼美好的春景，我就只帶了一個酒葫蘆。現在，我已經倒了一杯老潘家的「錯著水」醋酒，就等你們家的「為甚酥」啦！

看來，蘇東坡的持家之道還有這一條：春遊野餐不花錢，專找別人拉贊助！

到了元豐七年（西元一〇八四年）正月，潘大臨準備赴京趕考，蘇東坡回想起自己年輕時進士及第，各種風流得意，擔心潘大臨不諳世事，便特意寫了一首〈蝶戀花〉叮囑他：

別酒勸君君一醉。清潤潘郎，又是何郎婿。記取釵頭新利市，莫將分付東鄰子。
回首長安佳麗地。三十年前，我是風流帥。為向青樓尋舊事，花枝缺處留名字。

——美女們給你的「利市」，比如金釵這種信物，千萬要收好，若是分送給鄰家好色的登徒子，那後果可就不堪設想了！切記切記！

可惜，潘大臨最終未能考中進士，蘇東坡白操心了。

4

後來就到了海南。在這化外偏遠之地，蘇東坡驚訝地遇見了一個好吃的「故人」：環餅。

環餅俗稱「饊（ㄙㄢˇ）子」，是一種用糯米粉和麵搓成細條，然後再扭成環形柵狀油炸而成的麵食，看上去真的像一大坨炸得酥脆的麵條，所以才會有開篇處參寥煮麵條誤打誤撞發明環餅的故事。

但環餅是一種古老的食物，並非北宋的發明。北魏的賈思勰在《齊民要術》中就詳細記載了三國兩晉南北朝時期環餅的製法，不過那時候不叫環餅，叫「寒具」，意為寒食節所具。古人過寒食節時一整天都不能開火，只能吃冷飯，而冷飯對人的腸胃不佳，也遠不如油炸食品耐放。環餅由此而生，作為寒食節期間的速食，酥脆香甜。

我十幾年前也吃過環餅。忘了是哪一天，那個通往渡口的小巷口冒出一家小攤，販賣一種我從未見過的炸麵餅。店主有一口難解的鄉音。出於好奇，我買了一個餅嘗嘗，竟出奇好吃。後來每次經過那裡，我都會買一、兩塊餅，裝在塑膠袋裡，價格實惠。我也曾鼓起勇氣問這種食物叫什麼，但沒聽懂，也就不好意思再問了。如今想來，那位老人回答的應該是「饊子」——在中國北方的麵食體系裡，這真是一個非常生僻的字。

後來，我就再也沒見過這種餅了。連渡口附近那一片老舊的棚戶區，也都全部拆遷，變成了一片仿民國式建築。它是這個城市最知名的景點之一。

回到蘇東坡這裡。他遇見的賣環餅老人，也許與那位賣給我環餅的老人年紀差不多，他們的生意也都不太好——店鋪位置偏僻，不為人知。手藝再好，酒香也怕巷子深啊。但沒關係，作為一位資深廣告人，蘇東坡大筆一揮，寫下了一則知名的廣告文案

〈寒具〉：

纖手搓來玉色勻，碧油煎出嫩黃深。
夜來春睡知輕重，壓扁佳人纏臂金。

只不過是一團炸麵，但是高手出招，就是不一樣。前兩句寫一個美人在做饊子，後兩句寫戴著纏臂金的女子在春睡中那帶著幾許醉意的嫵媚。經大蘇這一渲染，一塊麵團頓時春光旖旎，一派活色生香。

粥裡人生

1

元豐七年（西元一〇八四年）三月，已經在黃州謫居了四年之久的蘇東坡，調任汝州團練副使。

雖然仍是個有名無實的地方武裝部副部長，但這一紙調令其實非同尋常。因為這是神宗皇帝不顧朝臣們勸阻，親自擬定的一道手札：「蘇軾黜居思咎，閱歲滋深，人才實難，不忍終棄。」

閉門思過夠久了，出來幫朕做事吧！

神宗皇帝想太多了。但蘇東坡顯然比他想得還多。此時他盛年已過，作為一家之長，他理所當然要考慮到一家人的生計和歸宿。蘇東坡不情願去汝州，他寫了一首〈滿庭芳〉自述心境：

歸去來兮，吾歸何處？萬里家在岷峨。百年強半，來日苦無多。坐見黃州再閏，兒童盡，楚語吳歌。山中友，雞豚社酒，相勸老東坡。

云何？當此去，人生底事，來往如梭。待閒看秋風，洛水清波。好在堂前細柳，應念我，莫翦柔柯。仍傳語，江南父老，時與晒漁蓑。

雖然自稱「老東坡」，這一年的蘇東坡其實還沒有到知天命的年紀。但有記載說，三百多年後，蘇東坡的另一位超級粉絲，一個姓唐名寅的落魄才子——我們喜歡親暱地叫他唐伯虎——在病中偶然看到了這首詞，忽然想起它剛好應驗了神靈早年向他諭示的夢境。而當時，他剛好年過半百，正是「百年強半，來日苦無多」。一語成讖，沒過多久，一代才子唐寅與世長辭。

當然，這樣的故事過於傳奇，讓人半信半疑。

再說蘇東坡一家離開黃州，慢慢向汝州出發。途中經過宜興，大蘇再次動了安居之想。

蘇東坡喜歡宜興，不僅是因為這裡土地肥沃，盛產好米肥魚，還因為他覺得宜興的山水很像自己老家眉山的風致，所謂「此山似蜀」，充滿了親切感。再加上宜興民風純樸，讓他「眷此邦多君子」。早在十年之前擔任杭州通判期間，他就曾在寫給時任杭州太守陳襄的詩中，提到希望在此地安居終老。大概就是在那段時間，他買下了宜興黃墅里的百畝山地，委託住在宜興的同榜進士蔣之奇的親屬蔣公裕代為管理。這一次，蘇東坡委託友人將京城的房子賣掉，得錢八百緡。他先花了六百緡在宜興和橋塘頭買了一處百餘畝的田莊。這片廣闊的土地，讓蘇東坡欣喜異常。他喜歡種樹，尤其是果樹。而宜興盛產柑橘，他幻想要在這裡種上數百棵柑橘樹，讓自己閒置許久的栽培嫁接技術大展宏圖，從此做一個幸福的莊主。他在〈歸宜興留題竹西寺〉中寫道：

十年歸夢寄西風，此去真為田舍翁。
剩覓蜀岡新井水，要攜鄉味過江東。
道人勸飲雞蘇水，童子能煎罌粟湯。
暫借藤床與瓦枕，莫教辜負竹風涼。
此生已覺都無事，今歲仍逢大有年。
山寺歸來聞好語，野花啼鳥亦欣然。

接著，他又花五百緡買了一處房產。這樣一來，他在宜興就是個有房有地的中產階級人士了，更加不願去汝州做個一無所有的草莽。他一邊慢慢前往汝州，一邊連上了兩道奏章，碎唸說自己沒有薪資，存款都用來買房子了，到汝州實在是活不下去，希望長官發揚人道主義精神，同意自己一家住在常州(當時宜興屬常州府轄區)。

而北宋朝廷的辦事效率在此展露無遺——蘇東坡的這兩份報告，直到第二年春天才獲得批准。

也正是在宜興，蘇東坡吃到了豆粥。我們不知道他是在哪一位朋友的家裡吃到了這碗豆粥。不過很有可能，此人是家住宜興閘口的邵民瞻。蘇東坡此番買下和橋塘頭的田莊，幫他出謀劃策的正是邵民瞻。也正是這一次在宜興逗留期間，蘇東坡在邵家花園裡親手植下一株海棠。如今，這株千年海棠樹高丈餘、樹冠直徑達八公尺，雖然歷經兵火，主幹也已被歲月淘空，但仍然年年抽葉吐蕊，清香四溢。

豆粥讓蘇東坡想起了很多事。

光武帝劉秀（字文叔）初起兵時，有一天到了滹沱河下游饒陽蕪蔞亭，飢寒交迫之下，屬下馮異（字公孫）匆忙煮了豆粥給劉秀吃，才「飢寒俱解」。第二天，行軍到南宮，遇大風雨，「光武引車入道旁空舍，異抱薪，鄧禹爇火，光武對灶燎衣」（《後漢書》）。

也許是聯想到自家處境，蘇東坡感慨萬分地寫下了這首〈豆粥〉詩：

君不見滹沱流澌車折軸，公孫倉皇奉豆粥。
溼薪破灶自燎衣，飢寒頓解劉文叔。
又不見金谷敲冰草木春，帳下烹煎皆美人。
萍齏豆粥不傳法，咄嗟而辦石季倫。
干戈未解身如寄，聲色相纏心已醉。
身心顛倒自不知，更識人間有真味。

豈如江頭千頃雪色蘆，茅簷出沒晨煙孤。
地舂碓粳光似玉，沙瓶煮豆軟如酥。
我老此身無著處，賣書來問東家住。
臥聽雞鳴粥熟時，蓬頭曳履君家去。

大師就是大師，吃一碗粥，吃出來一大堆典故。

金谷園是晉代著名大富豪石崇（字季倫）的別墅。石崇與另一個富豪王愷比闊鬥富，石家的豆粥做得又快又好，大冬天還有蒿和韭菜配豆粥吃，王愷只能甘拜下風。但王同學不服氣，悄悄買通了石崇家的僕人，才明白需要煮非常久方能煮爛的豆子，是怎樣在「咄嗟」之間就能煮熟——這祕密其實十分簡單，就是將豆子預先煮熟，磨成細粉，客人來時，再以滾開的白米粥澆兌即成。而蒿和韭菜在金谷園的冬天不能種植，也不是種在蔬菜棚中，而是搗細乾韭根後，雜以麥苗替代——連一碗豆粥也這麼費工，這就是中國古代富豪的作風。

粥本來慢火熬煮才能出佳品，但有人力也有物力的晉代富豪們，卻因為賓客太多，反而需要使用速食品，並以速度炫富——這件事情多少帶點後現代的幽默感。

據說「烹穀為粥」是黃帝的發明，後世在米粥中又加入了各種豆類，這便是「豆粥」。據《東觀漢記》記載，豆粥是秦漢時期的主食之一。漢代流行的甘豆腐，即用淘米水和赤小豆熬煮而成。宋代的《遵生八箋》和清代的《食譜》中就有記載，豇豆、刀豆、扁豆、菜豆、赤小豆、豌豆、綠豆、飯豆等皆可用來煮粥。而古時鄂東的百姓，最愛以飯豆、赤小豆和綠豆煮粥。詩中的「沙瓶」即砂鍋，以砂鍋煮豆粥，如同以砂鍋燉湯，煮出的豆子軟熟，粥質黏稠而又能保留營養。

2

蘇東坡曾說，他看天下人，無不好之人。事實證明，蘇東坡雖然聰明蓋世，有時卻缺乏識人之明，被他視為「君子之邦」的宜興，實則也不乏無賴。

蘇東坡花了六百緡買下的和橋塘頭的百餘畝田地，原是一個曹姓人家的財產。這個姓曹的人賣掉田後，又翻臉告到官府。這場莫名其妙的官司打了七、八年之久，最終田產判給了蘇東坡。碰上這樣的倒楣事已經夠鬱悶了，可蘇家人誰也想不到，另外買房的五百緡也打水漂。

事情是這樣的：

花了五百緡買房子後，本已錢契兩訖。這一天，蘇東坡和朋友外出散步，途中聽見路旁的破屋裡有老婦在傷心哭泣，一向好管閒事的蘇東坡敲門進去詢問，老婦人哭訴兒子不孝，賣了她住了一輩子的老房子。再一細講，正是蘇東坡剛剛花盡手頭積蓄買下的那一間房子！

第二天，蘇東坡叫來老人的兒子問話，得知這家人欠了許多債，迫不得已出賣祖屋。蘇東坡頓時動了惻隱之心，咬牙把房契還給了老婦的兒子，房錢當然也不要了。

錢花光了，房子也沒有了，這一擲千金的後果，是這一年蘇家人過了一個捉襟見肘的春節。

離開宜興後，因為向朝廷奏請常州定居的批覆還沒有下來，蘇東坡一家只得繼續向汝州出發。到了泗州（今江蘇盱眙），除夕之夜，全家人只能在船上度過。燭光慘淡，所謂的年夜飯只是一點米飯和蔬菜。

這時，蘇轍的兒女親家、淮東提舉黃寔也恰在此泊舟過年，察覺到蘇家的窘境，黃寔派人送來了酒和一盒點心。

就是這一點新年禮物，讓家中的女人和孩子非常開心，有蘇軾的〈泗州除夜雪中黃師是送酥酒二首〉之一為證：

暮雪紛紛投碎米，春流咽咽走黃沙。
舊遊似夢徒能說，逐客如僧豈有家。
冷硯欲書先自凍，孤燈何事獨成花。
使君半夜分酥酒，驚起妻孥一笑嘩。

孥（ㄋㄨˊ）：子女。

暮雪、冷硯、孤燈……何其淒涼。這是一個寒冷而孤單的除夕之夜，然而些許酥酒，還是能夠緩解那凝滯的氣氛吧？妻兒的笑語還是能為大蘇的心頭帶來絲絲撫慰吧？

3

十年，轉眼又是十年。

元祐八年（西元一〇九三年）秋天，與蘇東坡命運攸關的兩個女人先後辭世。先是八月一日，蘇夫人王閏之病故。她陪伴丈夫度過了此前的謫居歲月，但幸好不必承受此後的顛沛流離。在她去世之前，蘇東坡的仕途達到了一生中的巔峰時期，這使得她在生前受盡貴婦的尊榮，還曾經陪伴皇后祭拜皇陵。她生了兩個兒子，待堂姊王弗留下的兒子蘇邁視如己出——這一年，蘇邁三十五歲，蘇迨二十四歲，蘇過二十二歲，均已娶親成家，其中蘇迨娶了歐陽脩的孫女。而此時的蘇轍官居門下侍郎，亦即副宰相。宋仁宗當年的預言至此算是兌現了四分之一——早在蘇氏兄弟出仕之初，仁宗皇帝讀了兩兄弟的制策文章，喜不自勝：「朕今日為子孫得兩宰相矣！」但是，蘇東坡在官場上的表現看起來更像一個實務家，而非擅長平衡人事與政治的宰相之才。

王閏之故去一個月，執掌朝政的高太后也去世了。她的孫子，十九歲的哲宗皇帝得以親政，包括蘇氏兄弟在內的元祐大臣們的噩夢，自此拉開了序幕。

高太后去世後不到一個月，蘇東坡就接到調令，罷禮部尚書，貶去當河北西路軍區總司令兼定州太守了。

而與此同時，蘇轍被貶為汝州太守。

定州即今天的河北省定縣，距宋遼邊界僅二百餘里。蘇東坡到了定州任上，發現士兵們迷戀酗酒和賭博，便開始整飭軍紀。這是他平生唯一一次展示出作為一介書生的將帥之才。但是僅僅幾個月後，紹聖元年（西元一〇九四年）四月，他就又被調任英州（今廣東南雄）太守了。

此前出任定州太守時，哲宗皇帝不准他上殿辭行，蘇東坡已覺事態嚴重，但還沒有預料到有多嚴重。從定州出發時，他帶著全家二十餘人，行到半路，第三次貶謫令來了，「落左承議郎，責授建昌軍司馬，惠州安置，不得簽書公事」，於是蘇東坡決定只帶著侍妾朝雲和小兒子蘇過以及兩名老女傭同行，讓其餘的家人們到宜興。

船行至鄱陽湖，半夜裡他又被叫起來接旨，「貶寧遠軍節度副使」，仍是「惠州安置，不得簽書公事」。

就是在這次被貶謫的途中，經過河南湯陰，他從前的部下請他和家人們吃飯，主食是豌豆大麥粥。想到一路上經過的荒蕪赤地，想到連綿的秋雨和夏日裡乾旱的麥田，想到在漂泊的逆旅中難得的溫暖，蘇東坡心境蒼涼而複雜，作〈過湯陰市，得豌豆大麥粥，示三兒子〉：

朔野方赤地，河堧但黃塵。
秋霖暗豆莢，夏旱臞麥人。

逆旅唱晨粥，行庖得時珍。
青斑照匕箸，脆響鳴牙齦。
玉食謝故吏，風餐便逐臣。
飄零竟何適？浩蕩寄此身。
爭勸加飲食，實無負吏民。
何當萬里客，歸及三年新。

連河堧（ㄖㄨㄢˇ）——這河邊的空地上滿是黃塵，天氣這麼乾，其他的土地可想而知有多糟。難怪種麥的農人們累到都瘦了（臞ㄑㄩˊ，即身體清瘦之意）。蘇軾不但在人生的逆境中吃到了久違的豆粥，更珍貴的是，他得到了寒涼人間難得的暖意。而他可堪告慰的是自己在從政生涯中，從來沒有辜負過下屬和百姓。

雖然不知此身何寄，但天高地闊，自己的前半生也問心無愧——在貶謫途中的一碗粥裡，蘇東坡品出了別樣的人生況味。

元符三年（西元一一〇〇年）正月，哲宗皇帝駕崩，端王趙佶繼位之前，神宗的皇后、當時的向太后代為執掌朝政，赦免元祐老臣。從六月到十一月，蘇東坡接連收到三道調令：瓊州別駕，廉州安置，不得簽書公事；舒州團練副使，永州安置，不得簽書公事；復朝奉郎，提舉成都玉局觀，在外軍州任便居住。

這最後一道詔命的意思是朝廷批准蘇東坡退休，可以自由選擇居住地。

宋代的官員年老致仕，一般就掛名做個道觀的「觀長」，名為「祠祿官」，以便按月領取養老金。

次年五月，蘇東坡讓兒子們把宜興的田產賣掉，打算全家定居常州。六月三日，他到了儀徵（今江蘇儀徵），因暑熱難當，中暑病倒，瀉痢不止。第二天早上，他請人煮黃耆粥，並寫信給前一天來探望他的米芾，說：「日復疲甚，食黃耆粥，甚美。」

也許，寫下這封信的時候，他會突然想起二十幾年前，也是在病中，他曾經煮黃耆粥來招待朋友們。

那一天是熙寧九年（西元一〇七六年）立春之日，他任密州太守，邀請友人們宴飲。

那年他剛滿四十歲，鬢間已經有了星星白髮。雖然因病不能飲酒，但看著朋友們說說笑笑，心情仍大好，他作〈立春日病中，邀安國仍請率禹功同來，僕雖不能飲，當請成伯主會，某當杖策倚几於其間，觀諸公醉笑，以撥滯悶也〉：

孤燈照影夜漫漫，拈得花枝不忍看。
白髮欹簪羞彩勝，黃耆煮粥薦春盤。
東方烹狗陽初動，南陌爭牛臥作團。
老子從來興不淺，向隅誰有滿堂歡。
齋居臥病禁烟前，辜負名花已一年。
此日使君不強喜，新春風物為誰妍。
青衫公子家千里，白首先生杖百錢。
曷不相將來問病，已教呼取散花天。

欹（ㄧ）：傾斜。曷（ㄏㄜˊ）：為什麼。

黃耆（ㄑㄧˊ）一向被譽為「補氣之最」，是最常用的中藥材之一。古人一向認為食狗肉也可以補氣壯元。《禮記．鄉飲酒義》就說：「烹狗於東方，祖陽氣之發於東方也。」

白居易曾在〈琵琶行〉中寫道：「座中泣下誰最多，江州司馬青衫溼。」晉人阮修，為人放蕩不羈，常常步行出遊，「以百錢掛杖頭，至酒店，便獨酣暢」。因此，青衫公子、白首先生分別為白居易和阮修。

恍惚之間，蘇東坡覺得自己也如同當年的白居易和阮修一樣，千里之外，心無罣礙，與朋友們忘情流連於山水詩酒之間。

也許，是黃耆粥熟悉的馨香讓他振作了一點；也許，是早年快樂的記憶帶來了慰藉。蘇東坡打起精神，乘船繼續北上，船到常州，沿岸聚滿了得知消息後趕來爭睹文豪風采的百姓們。難拂盛情，蘇東坡只好從船艙裡出來，靠在船舷上供眾人一睹風采。他對朋友們笑說，自己簡直要被這麼多雙眼睛給「看殺」了。

用黃耆煮粥，是蘇東坡的發明。做法很簡單：取生黃耆濃煎，取汁，與粳米同煮，待熟時，加入陳皮末少許，稍沸即可。

荀子說：水能載舟，亦能覆舟。

蘇東坡說：米能煮粥，豆亦能煮粥，無物不可煮粥。

第二章　素食

蘇軾畫作〈枯木怪石圖〉局部。
此畫於筆意盤旋之中，凝聚一團不平之氣，
更有一股浩然氣脈。

東坡羹簡史

1

元豐二年（西元一〇七九年）夏曆臘月二十九日，因「烏臺詩案」坐了整整四個月零十二天大牢的蘇東坡，終於等來了最終判決：貶謫黃州團練副使。還沒有從闔家團聚的悲喜交集中回過神來，更來不及享受傳統春節的喜慶與熱鬧，出獄僅僅三天，也就是元豐三年（一〇八〇年）的大年初一，蘇東坡就由長子蘇邁陪同，在御史臺差吏的「照顧」下，往赴黃州。

黃州也就是今天的湖北省黃岡市，曾出過商朝名相傳說和據說是制定了中國第一部刑法的皋陶。九曲連環的長江在這一帶有個近乎直角的大彎，黃州就被圍在這個直角裡面——換言之，整個黃州城的西、南兩面，都是浩浩蕩蕩的長江水構成的天然柵欄。

歷大難而不死，蘇東坡相信自己必有後福。果然，見到黃州如此形勝，蘇東坡不禁眼前一亮，揮筆寫下一首七律〈初到黃州〉：

自笑平生為口忙，老來事業轉荒唐。
長江繞郭知魚美，好竹連山覺筍香。
逐客不妨員外接，詩人例作水曹郎。
只慚無補絲毫事，尚費官家壓酒囊。

看到長江繞城而過，馬上想到江水中游著那麼多滋味鮮美的大魚和小魚；看見大別山麓那滿山青翠的竹子，唇齒間隨即蕩漾起竹筍那爽脆的清香——剛剛脫離險境的蘇東坡，迅速恢復知名美食家的快樂本色。

本應如此，歷史早已證明，對蘇東坡來說，所謂命運，無非就是一個「失之官職，得之美食」的過程。

2

但是在黃州的生活開篇顯然沒有那麼美妙。雖然蘇東坡來此擔任的「團練副使」一職好歹也相當於今天的地方長官，並且黃州太守徐君猷還是蘇東坡的忠實粉絲，在各方面都很照顧他，可蘇東坡畢竟是犯錯被貶，不僅被限制居住，所任官職也只是一個虛銜而已，既沒有簽署公文的權力，甚至連薪俸也沒有。

不過也有野史上說，其實還是有薪俸，只不過不發現金，而是折算成實物，稱為「折支」。折算給蘇東坡的薪資是一堆官酒賣完後回收的酒袋，此物有個雅稱，叫「酒囊」，需要蘇東坡自己拿到集市上賣掉，兌換成現錢和米糧。所以詩中有「只慚無補絲毫事，尚費官家壓酒囊」這樣一句自嘲。但是這種說法正史上沒有記載，畢竟那時候蘇東坡已經是名滿朝野的大文豪了，讓官方大言不慚地記上這一筆：「文章獨步天下」的大學士蘇東坡靠領朝廷發放的「酒囊」作為「飯袋」，想必連史官也覺得上不了臺面。

幸好家中還有些積蓄，蘇東坡仿照在湖州任職期間結識的好友、窮秀才賈耘老的持家之道，每月初拿出四千五百文錢，分成三十份，每份一百五十文，掛在房梁上。每天用畫叉（用以懸掛或取下高處立幅書畫的長柄叉）取下一份，然後立刻把畫叉藏起來。這一百五十文錢就是全家人一天的開銷，只能多不能少。不對，是只能少不能多。偶爾有剩下的錢，就用大竹筒裝起來，用來待客。蘇東坡仔細算了又算：像這樣省吃儉用，全部積蓄大概能用一年。

問題是，一年之後怎麼辦？

3

再說蘇東坡有個叫馬正卿的老友，號夢得，只比蘇東坡小八天。馬夢得是個窮書生，蘇東坡為此寫過一篇論文〈馬夢得窮〉，探究了一番人類生年與金錢之間的關係，最後得出的結論是：與他倆同年出生的，沒有一個人成為富人和貴人；而所有這一年出生的窮人當中，蘇東坡自己和馬夢得最窮；但如果一定要在二人之間決出冠亞軍，那麼馬夢得比蘇東坡更窮：「……而僕與夢得為窮之冠。即吾二人而觀之，當推夢得為首。」

馬夢得仰慕蘇東坡的人品和學識，日夜希望老友能過上好日子。但正因如此，蘇東坡反而非常同情馬夢得，〈東坡八首〉之一寫道：

馬生本窮士，從我二十年。
日夜望我貴，求分買山錢。
我今反累君，借耕輟茲田。
刮毛龜背上，何時得成氈。
可憐馬生痴，至今誇我賢。
眾笑終不悔，施一當獲千。

烏龜天生就沒有長毛，所以馬夢得的夢想簡直就是從龜背上刮毛，何年何月才能織成一張毛毯？真令人憂鬱。

但就是這樣一位窮到成為同齡人之冠的馬夢得，來黃州看到蘇東坡這副三餐難繼的慘狀，也看不下去了。馬夢得奔走和籲請了一番，終於為蘇東坡申請到一塊荒地，所以蘇東坡說，馬夢得不僅沒跟著他沾到什麼光，如今反倒受了他的拖累。

黃州官方借給蘇東坡的這塊地原是一處軍營舊址，廣達數十畝，只是已經荒廢多年，瓦礫遍布，雜草叢生，需要好好整理一番方能耕種。但這畢竟是一塊能種糧食蔬菜、可讓一家人免於餓死的土地啊，蘇東坡十分歡喜。他將這塊地命名為「東坡」，並從此自稱「東坡居士」。

——沒錯，就是在這一刻，真正的「蘇東坡」誕生了。而在此之前，他是蘇軾，或曰蘇子瞻。

蘇東坡從此像諸葛亮出隆中前那樣，親自躬耕於隴畝之間。這一年，蘇家長子蘇邁二十二歲，還算是一個年輕勞力，而次子蘇迨和幼子蘇過均剛剛年過十歲，還都是稚齡幼童。面對一望無際的數十畝荒地，蘇東坡不「親自」耕種，還有誰來躬耕呢？

以上是東坡羹誕生的主要背景。

4

東坡羹是一道窮人的菜，這也很符合蘇東坡「某某年生人比窮大賽亞軍」的身分。但蘇東坡以自己資深美食家的經驗，嘗試了一番粗糧細做，最終總結出一套簡易可行的方法。實驗成功，蘇東坡當然大為得意，馬上寫了一篇〈東坡羹頌並引〉，向天下人廣而告之此項專利：

> 東坡羹，蓋東坡居士所煮菜羹也。不用魚肉五味，有自然之甘。其法以菘，若蔓菁，若蘆菔，若薺，皆揉洗數過，去辛苦汁。先以生油少許塗釜緣及一瓷碗，下菜湯中。入生米為糝，及少許生薑，以油碗覆之，不得觸，觸則生油氣，至熟不除。其上置甑，炊飯如常法，既不可遽覆，須生菜氣出盡乃覆之。羹每沸湧，遇油輒下，又為碗所壓，故終不得上。不爾，羹上薄飯，則氣不得達，而飯不熟矣。飯熟，羹亦爛可食。若無菜，用瓜、茄，皆切破，不揉洗，入罨，熟赤豆與粳米半為糝，餘如煮菜法。

這道菜羹的主原料都是常見的便宜蔬菜。菘即一種白菜。蔓菁，又叫蕪菁，是外形很像蘿蔔的一種菜。蘆菔，蘿蔔是也。至於薺，在蘇東坡生活的時代，薺菜是隨處可見的野菜。杜甫就常靠「牆陰老春薺」熬過饑荒。蘇東坡的偶像白居易先生，更是感嘆「滿庭田地溼，薺葉生牆根」的早春綠意與美滿。蘇東坡也替後世的窮人想好了能代替的蔬菜，隨便什麼菜瓜和茄子都可以拿來當食材。蘿蔔和薺菜需要用手反覆揉洗幾遍，以去掉辛辣和苦澀之味，但菜瓜和茄子就不用經過這道工序。然後用一點生油擦在鍋沿和瓷碗邊緣，再將切好的白菜、蘿蔔、薺菜、香菜放進湯中，加入一點生米和幾片生薑，用邊緣塗過生油的大碗蓋上。碗上面放蒸屜，屜中如平常蒸飯一樣放進水和生米。等到米飯蒸熟了，下面的菜羹也已爛熟，如此飯菜一鍋，省時又省力。

按蘇東坡的說法，這道菜有兩個關鍵：一是覆在菜羹上的油碗不可以直接接觸羹湯，否則做出的羹會有一股生油味；二是要等生菜的氣味出盡之後，再蓋上鍋蓋。蘇東坡還耐心解釋了為什麼要放碗，而碗上又為什麼要抹油：羹沸騰時常常會上溢，但碰到油就不會溢了。又因為有碗壓著，所以就溢不出來。如果不這樣做，蒸氣就上不來，蒸屜裡的米飯就會蒸不熟。

只有行家才明白，這些看似微小的細節，最見發明者機心之所在。

菜羹中有米，其實有點類似今天的皮蛋瘦肉粥，但是以菜為主，加入米則增加了其黏稠度，因此它不是菜湯，而是菜羹。

這是一道素菜，所以蘇東坡將其做法大力推薦給他的僧人和道士朋友，頗受歡迎。有一位姓徐的朋友生病，蘇東坡寫信給他，詳細介紹了此羹的做法，建議朋友在病中吃這種易消化吸收的菜羹：「今日食薺根美，念君臥病，麵、醋、酒皆不可近，唯有天然之珍，雖不甘於五味，而有味外之症狀。」

「天然之珍」，這就是蘇東坡對美食的理解。生活中不是缺少美，而是缺少發現美的眼睛。對蘇東坡來說，這世上不是缺少美食，而是世人大多缺少四處發現美食的好心情。

若干年後，蘇東坡又被貶至廣東惠州，途經韶州，南嶽狄長老特意做了「東坡羹」招待他。吃了這道久違的美味，如同偶然遇見暌違多年的老友，蘇東坡高高興興寫了一首〈狄韶州煮蔓菁蘆菔羹〉：

我昔在田間，寒庖有珍烹。

常支折腳鼎，自煮花蔓菁。
中年失此味，想像如隔生。
誰知南嶽老，解作東坡羹。
中有蘆菔根，尚含曉露清。
勿語貴公子，從渠醉羶腥。

認真說了幾句，蘇東坡又露出了頑童本相：噓！這麼好的東西我們要自己留著，千萬可別告訴那些貴公子哥兒們，讓他們天天食腥啖羶吧！

說歸說，做歸做，以蘇東坡的性格，有什麼事情能藏起來呢？算了吧。有好東西還是該拿出來與朋友們分享，最後受益的仍然是自己。世界就如同一個首尾相接的圓環，對道教和佛教都深有心得的蘇東坡，當然最懂得這一點。

可是，僅僅一詩一頌就足以為這道偉大的菜羹發明畫上句號了嗎？

當然不。

菜羹，還是菜羹

1

紹聖四年（西元一〇九七年）四月，蘇東坡廣東惠州的新居剛剛建成兩個月，新的貶謫命令又來了，將他再貶為瓊州別駕，昌化軍安置。和在黃州時一樣，不得簽書公事。

瓊州即今海南。一千年前，海南島不是旅遊愛好者們心目中的遊覽勝地，是真正的「天涯海角」——孤懸海外，一派溼熱蠻荒。曾在唐武宗李炎朝中擔任宰相的李德裕，後來被貶到海南，寫下了一首〈登崖州城作〉：「獨上高樓望帝京，鳥飛猶是半年程。青山似欲留人住，百匝千遭繞郡城。」讓人看了也忍不住心生絕望：太遠太遠了，這一生只怕再也回不到家鄉了啊！

蘇東坡也不打算回去了。在登舟赴海南之前，他向長子蘇邁交代了後事，並說如果自己死在海南，則就地安葬。在給老友王古的信中，他說道：「某垂老投荒，無復生還之望。昨與長子邁訣，已處置後事矣。今到海南，首當作棺，次便作墓。仍留手疏與諸子，死即葬於海外，生不契棺，死不扶柩，此亦東坡之家風也。」

宋時，海南全境設儋州、崖州、振州和萬安州四州。神宗熙寧六年（西元一〇七三年），改儋州為昌化軍，下轄宜倫、昌化、感恩三縣。整個轄境相當於今天的儋州市、昌江縣、東方縣等加在一起。如此廣闊的地域，在蘇東坡生活的時代，全部住民竟然只有八百餘戶，加起來還不到三千人！

——那時候，人類，是海南島上的珍稀動物。

海南氣候潮溼，夏天悶熱，冬天多霧，夏秋之交，雨水連綿，家中的桌椅床鋪多數發霉腐爛。在自己的床柱上，蘇東坡親眼看見了一大群死白蟻。白蟻的生命力極其頑強，並且從不擔心沒東西可吃；但是在海南，這樣的物種居然也會無緣無故地成批死去，這個發現讓蘇東坡倒抽了一口氣。

既然沒有修煉成金剛不壞之身，如果哪一天身體出了什麼問題，這窮鄉僻壤，缺醫少藥，自己這副肉體凡胎大有迅速「腐敗」的危險。但是經過一番思考，蘇東坡鎮定寫了一篇文章，記錄下他發現的這條人生至理：人總有一死，生在哪裡無法選擇，死在哪裡就看運氣！

另一篇其實是寫給好友參寥大師的回信。在信中，蘇東坡形容自己現在的處境，好比靈隱寺的天竺和尚離開寺院，隱居在一個小村莊的農家院子裡，用一個破鍋煮糙米飯吃。這樣度過一生也沒有什麼不好。接下來蘇東坡又說，雖然海南的氣候容易讓人生病，但北方人難道就不生病了？如果說海南缺醫少藥，病人容易死，那我們就來算一算吧：京城中那些名醫國手，死在他們手裡的病人更多呢！

2

蘇東坡此時的處境，與在黃州時不同。那時候的主政者神宗皇帝愛惜蘇東坡的才華，絕對沒有要置他於死地的意思。恰恰相反，在黃州時，蘇東坡有一次生了病，整整兩、三個月沒有出門。於是有傳言說他死了，這謠言一直傳到了京城，又傳到了神宗皇帝耳中。當時皇帝正在吃午飯，陡聞此言，眼前的玉粒金波再也無法下嚥，說了兩個字：「才難！」便黯然離開餐桌。

神宗皇帝的意思大概是：天才不幸。

如今，皇帝的預言應驗了，即使不能說哲宗皇帝一心想要蘇東坡死，至少也並無憐惜之情。而蘇東坡的政敵們正春風得意，把持朝政。這樣一來，蘇東坡的生存空間，實在是小得可憐。

蘇東坡到達儋州時，當地的最高長官、昌化軍軍使張中還在上任的途中。蘇東坡父子暫時在官舍裡安身。官舍敝舊，千瘡百孔，直到張中到任，才派人修好了漏雨的屋頂。

張中和蘇過很快成了朋友，兩人經常一起下棋。順便說，蘇東坡看起來雖然無所不能，但說到下棋，他自己也爽快承認：棋藝不行。他曾坦言說自己平生有三樣不如人：喝酒、下棋與唱曲。也許一個人性情散漫，就無法瞻前顧後、精密布局。於是他安心地做了一個觀棋不語的真君子。不是他不想說，而是兩位棋手的技藝實在比他厲害太多了。

這樣安恬的好時光並不長久。蘇東坡來到海南的第二年，朝廷派來的廣南西路察訪使董必到了。

董必與蘇氏兄弟沒有過節，但他是蘇東坡早年的朋友、後來的政敵章惇的心腹。董必此行的目的，就是一路察訪當年反對新政的元祐大臣們的近況。在雷州，他先是免除了悉心照顧蘇氏兄弟的雷州刺史張逢的職務，又強加給蘇轍一個「強占民宅」的罪名，將他貶往循州（今廣東龍川）。到了海南，熱心幫助蘇東坡父子的張中，當然也在劫難逃，被貶往別處。至於蘇氏父子，立刻被趕出官舍。

沒辦法，蘇東坡只好自己出錢，在城南的檳榔樹叢中蓋了幾間房子。想到劉禹錫那篇朗朗上口的〈陋室銘〉，蘇東坡也不甘示弱，寫了一篇〈桄榔庵銘〉。至於這幢房子，據他自己說，是五室。但林語堂先生考證後認為，蘇東坡涉嫌誇大，實際上他在海南只蓋了三間房。

可惜那時候還沒有不動產登記，想考核也著實不容易。

3

在海南，蘇東坡幾乎得了相思病——除雞鴨魚肉，他還想念他的「東坡羹」。想念的結果，除成就那篇著名的〈老饕賦〉外，又把〈東坡羹頌並引〉進一步發揚光大，寫了一篇〈菜羹賦并敘〉。也許是感到自己此時的情狀頗接近被放逐的屈原，這篇賦大有〈離騷〉之風：

東坡先生卜居南山之下，服食器用，稱家之有無。水陸之味，貧不能致。煮蔓菁、蘆菔、苦薺而食之。其法不用醯醬，而有自然之味。蓋易具而可常享。乃為之賦，辭曰：

嗟餘生之褊迫，如脫兔其何因。
殷詩腸之轉雷，聊禦餓而食陳。
無芻豢以適口，荷鄰蔬之見分。
汲幽泉以揉濯，博露葉與瓊根。
爨鉶錡以膏油，泫融液而流津。

適湯濛如松風，投糝豆而諧勻。
覆陶甌之穹崇，罷攪觸之煩勤。
屏醯醬之厚味，卻椒桂之芳辛。
水初耗而釜泣，火增壯而力均。
滃嘈雜而廉清，信淨美而甘分。
登盤盂而薦之，具匕箸而晨飧。

助生肥於玉池，與吾鼎其齊珍。
鄙易牙之效技，超傳說而策勛。
沮彭尸之爽惑，調灶鬼之嫌嗔。
嗟丘嫂其自隘，陋樂羊而匪人。
先生心平而氣和，故雖老而體胖。
忘口腹之為累，以不殺而成仁。
竊比予於誰歟？葛天氏之遺民。

醯（ㄒㄧ）就是醋。蘇東坡在序言和詩的正文中一再提及，這道「東坡羹」不能放醋和醬油，要的就是蔬菜那種自然天成的清香之味。爨（ㄘㄨㄢˋ）：生火煮飯。鉶（ㄒㄧㄥˊ）：古代盛羹的器具。錡（ㄑㄧˊ）：一種三腳鍋。甌（ㄡ）：盆、盂類瓦器。罷：停止。滃（ㄨㄥˇ）：水騰湧貌。飧（ㄙㄨㄣ）：熟食。胖（ㄆㄢˊ）：安閒舒適。

哎呀我這生活好窘迫，是為了什麼要像兔子一樣拚命？
哎呀我這詩人的肚子好餓，連陳穀也找不到無法下鍋。

我沒養雞和豬無法吃肉，幸好四周的菜蔬都能食用。
汲一桶山泉把菜洗淨，向它們借用一下葉子和根莖。
快點生火吧鍋裡放上點油，轉眼間熱氣蒸騰啊我口水直流。
湯上蒸氣濛濛有如松風拂面，把豆子和米均勻地放進鍋裡。
蓋上鍋蓋吧一邊待著耐心等待，別沒事去亂攪羹湯。
千萬記得不要放醋和醬油，也別放胡椒肉桂之類的辣東西。
水一燒開就像鍋在哭泣，大火燒沸後改用文火均勻細燉。
一陣狂亂的響動後，菜已爛熟成清澄甘美的濃湯。
趕緊盛入盤碗端上，準備好勺子筷子，開始這美妙的早餐時光。

如果我們記得沒錯，在〈老饕賦〉裡，蘇東坡還幻想能請來易牙掌勺。現在吃到了菜羹，他又開始鄙薄起易牙了：

溪畔池旁生長的這些野菜，能與諸侯們當年的鼎食媲美！
易牙那點雕蟲小技算什麼，我比大廚傳說的水準好多啦！
肚子裡的三尸蟲不搗亂了，愛挑剔的灶王爺也笑口常開。

可嘆漢高祖那位大嫂心胸狹隘，更可悲的是樂羊太不像話。
看吧，蘇東坡我既心平又氣和，年紀雖大但身體安康。
忘卻口腹之累，古人殺身以成仁，我今日不殺也能成仁。
誰能比得上我的境界？只有那些無憂無慮的葛天氏遺民。

這最後的一節用典繁複。大致說來，古人認為人體腹內有「三尸蟲」，專門窺伺人的過錯，不知有何根據，他們還認定「三尸蟲」有名也有姓，牠的姓就是「彭」。在《漢書．楚元王傳》中記載，漢高祖劉邦未成器時，常帶客人到他大嫂家裡吃飯，所以大嫂很討厭他。至於樂羊的典故就比較恐怖了。說是戰國時代，魏國將領樂羊攻打中山國，他的兒子居住於中山國內。出於報復，中山君殺死樂羊的兒子，做成肉羹送給樂羊，樂羊竟然吃了一碗。後來樂羊雖攻下了中山國，但魏文侯卻因此對他心懷疑懼——這人連自己的親生兒子都吃，還有什麼事做不出來的呢？

顯然，只要能吃飽一點，蘇東坡就開始習慣性地臧否人物，指點江山。

蘇東坡不知道，在他作古多年之後，他的超級粉絲陸游，也如法炮製了一鍋東坡羹。吃完之後，陸游認為東坡羹果真名不虛傳，美味無比。有這首〈食薺糝甚美蓋蜀人所謂東坡羹也〉為證：

薺糝芳甘妙絕倫，啜來恍若在峨岷。
蓴羹下豉知難敵，牛乳抨酥亦未珍。
異味頗思修淨供，祕書當惜授廚人。
午窗自撫彭亨腹，好住烟村莫厭貧。

西晉時，陸機在老家隱居讀書多年，後來到了首都洛陽，駙馬王濟請他吃羊奶酪，並問他吳地有什麼美食堪與羊奶酪相比？陸機回答說，千里湖產的蓴菜所做的羹湯鮮美無比，連鹽豉之類的調味料也不必放。陸游在詩中用了這個典故，說他吃的薺糝羹就如同陸機稱賞的蓴羹一樣。這美好的滋味讓他恍惚回到了在川中度過的時光，也讓他想起那位偉大的美食家蘇東坡先生。此時，他坐在窗前，摸著吃得很撐的肚子，雖說是住在荒僻的山村，也夠幸福啦。

如果蘇東坡泉下有知，一定會得意地大笑出聲吧？

4

蘇東坡既然已經勘破生死，心平氣和，住的問題基本上也解決了，現在，又回到了那個他非常關心的老問題：吃。

前面說過，海南秋天多雨，從廣州和福建往海南運送米糧的大船不再南行，這種情況又往往持續到冬天。補給中斷，蘇東坡父子很有可能會挨餓。身陷窘境，蘇東坡的創造力再次發揮出令人驚嘆的潛能，他遊走野外，很快就找到了既能飽腹又有營養的健康食品：蒼耳。

蒼耳？

沒錯，就是蒼耳。

出生在小康之家的蘇東坡，怎麼知道蒼耳能吃呢？

他很有可能是從《詩經》中得來的靈感：「采采卷耳，不盈頃筐。嗟我懷人，置彼周行……」

這個碎碎唸、心不在焉的女人採蒼耳做什麼？答案當然是：吃。

據《太平聖惠方》記載，蒼耳有散風寒、通鼻竅、祛風溼的功效，可主治鼻炎、風寒頭痛、風疹、溼疹、疥癬等。蘇東坡採食的也可能不是蒼耳，而是蒼耳的嫩苗。他沒有記下食用的方法，大概是覺得不夠有創意。

連主食都有問題，肉食就更少了，平均五天吃一點豬肉、十天吃一塊雞肉，這個頻率對喜歡吃肉的蘇東坡來說，實在是超過了他能夠容忍的極限。於是當地人向他推薦了幾種另類肉類食品：燻老鼠、燒蝙蝠、煮青蛙，還有「蜜唧」。

什麼叫「蜜唧」？

餵蜜給剛出生還未長毛的小老鼠，然後裝盤上桌。這是一道嶺南名菜，又名「三吱兒」。

這樣的名菜，不禁讓人起了一身雞皮疙瘩。蘇東坡最初聽說這道菜時，幾乎快吐出來了。但時日既久，入鄉隨俗，他大概還是品嘗過這道菜。

可是這樣的生活也有一點好處，那就是很容易減肥成功。蘇東坡承認自己比以前苗條多了。無獨有偶，蘇轍也寄信來，說自己瘦了許多。於是，蘇東坡回信給弟弟，就「為什麼瘦」總結了一番，標題就叫〈聞子由瘦，儋耳至難得肉食〉：

五日一見花豬肉，十日一遇黃雞粥。
土人頓頓食薯芋，薦以熏鼠燒蝙蝠。
舊聞蜜唧嘗嘔吐，稍近蝦蟆緣習俗。
十年京國厭肥羜，日日烝花壓紅玉。
從來此腹負將軍，今者固宜安脫粟。
（俗諺云：大將軍食飽捫腹而嘆曰：我不負汝。左右曰：將軍固不負此腹，此腹負將軍，未嘗出少智慮也）
人言天下無正味，蝍蛆未遽賢麋鹿。
海康別駕復何為，帽寬頻落驚僮僕。
相看會作兩臞仙，還鄉定可騎黃鵠。

羜（ㄓㄨˋ）：出生五個月的小羊。

想當初在京城十年，每日山珍海味，連肥肥嫩嫩的羔羊肉都吃膩了。唉！這麼多年來這個肚子一直都在辜負我，現在天天吃粗糧就是它應得的下場！

說到這裡，蘇東坡還擔心大家不懂，特意加了個注解：話說有個流傳很廣的故事是這樣——某位大將軍吃太撐了，拍著自己的肚子說，嗨，夥伴，老子也能對得起你啦！但是他的同伴說，將軍您雖然對得起這個肚子，可是肚子卻辜負了您啊，這麼多年來也沒替您出過什麼好主意！

不知這個「流傳很廣的故事」是不是蘇東坡隨口杜撰的，反正他在參加全國進士考試時就隨便杜撰了一個典故，讓負責主考的歐陽脩和梅堯臣大為困惑。這世上，還有什麼是蘇東坡不敢杜撰的「經典故事」呢？

接下來一句更令人費解⋯⋯什麼叫「蝍蛆未遽賢麋鹿」？蝍蛆（ㄐㄧˊ　ㄐㄩ）即蟋蟀，也有說是蜈蚣。

遽（ㄐㄩˋ）⋯⋯就。

也許蘇東坡想說的是⋯⋯既然大家都說天下沒有真正的美味，飲露為生的蟋蟀未必就比麋鹿更高貴。

說著說著，蘇東坡又想惡作劇了⋯⋯哎呀兄弟，你瘦成這樣有什麼用？帽子變那麼大，等等帶子掉下來嚇到小孩！不過也好，下次見面時，天啊，像我們這樣兩位仙風道骨的瘦神仙，完全可以騎著天鵝回家了！

5

在海南，蘇東坡花了很多時間讀陶淵明的詩，並作了大量的和詩。蘇東坡不僅喜愛陶詩「質而實綺，癯而實腴」的風格，更敬重陶淵明的為人。

就在蘇東坡忙著作詩的時候，真是有其父必有其子，蘇過提出了一項重大的發明。菜羹。還是菜羹。

但是此菜羹非彼菜羹，蘇東坡吃過之後，大喜過望，忍不住寫了一首詩，標題甚長：〈過子忽出新意，以山芋作玉糝羹，色味皆奇絕。天上酥陀則不可知，人間決無此味〉——

香似龍涎仍釅白，味如牛乳更全清。
莫將南海金齏膾，輕比東坡玉糝羹！

蘇東坡說的主料山芋，有必要在這裡說明一下。

其實有兩種食物都曾被稱為「山芋」，一種是山藥，一種是紅薯。從蘇東坡的描述來看，蘇過此羹所用的食材是山藥。至於為什麼山藥和紅薯都叫「山芋」，《本草綱目》提供了解答：山藥原名薯蕷（ㄩˋ），但到了唐朝，唐代宗名叫李預，於是這種植物也必須避皇帝之諱，改為「薯藥」；沒想到，北宋時，宋英宗又名叫趙曙，於是「薯藥」又更名「山藥」——山藥的命名過程如此坎坷，難怪李時珍要特意為它記上一筆。

至於「金齏膾」，即「金齏玉膾」，相傳隋煬帝楊廣非常喜歡吃這道佳餚，盛讚其為「東南佳味」。但即使是被皇帝表揚過的美食，在蘇東坡眼裡，也不能與「玉糝羹」相比。

這「玉糝羹」的具體做法，蘇東坡沒有細說，因為這畢竟不是他本人的發明。或許，他滿溢的喜悅，是因為簡陋的碗缽中盛著兒子的一片孝心；或許，他還得意於自己美食家的特長終於「後繼有人」；或許，「玉糝羹」的做法與此前的「東坡羹」類似，蘇過只是把山藥像蘿蔔那樣處理，但因為山藥的清香，此羹便有了不一樣的味道。

有人認為蘇東坡還發明了另一種「山羹」，因為他還有一首〈次韻子由種菜久旱不生〉的詩，是這樣說的：

新春階下筍芽生，廚裡霜齏例舊罌。
時繞麥田求野薺，強為僧舍煮山羹。

但南宋詞人林洪——也就是那位「梅妻鶴子」的林逋的七世孫——在他所著的《山

家清供》中，把「玉糝羹」寫成了「玉糝根羹」：「東坡一夕與子由飲酣甚，搥蘆菔爛煮，不用它料，只研白米為糝。食之，忽放箸撫几曰：『若非天竺酥酡，人間決無此味。』」林洪搞混了，把山藥記成了蘿蔔（蘆菔）。

這也不能怪林洪。事實上，因為蘇東坡發明的這些菜羹可用的食材太多了，難免讓人眼花撩亂。今人將這些菜羹分為東坡菘（白菜）羹、東坡蘆菔（蘿蔔）羹、東坡薺（薺菜）羹等，以為各自做法不同，其實根本沒那麼複雜。按蘇東坡的本意，這種窮人的美食就是有什麼用什麼，完全不必刻意。只是因為這些蔬菜都來自山野，所以又籠統地稱為「山羹」。

只有玉糝羹是特別的。在蘇東坡的心中，它有著別樣的馨香，別樣的溫暖。正是這溫暖，在海外的孤島之上，陪伴蘇東坡度過那些緩慢而悠長的時光。

嫵媚元修菜

1

林語堂先生曾經將蘇東坡比喻為一團火焰，生機勃勃，給予人光明和溫暖。或許正因為如此，他身上總是有一種莫名的吸引力，吸引那些喜愛和敬慕他的人，從四面八方趕來探望他、陪伴他。當然，也引來政敵們中傷的暗箭。

蘇東坡到黃州的第三年，也就是在著名的東坡雪堂建成之後不久，有個人千里迢迢趕來投奔他。這個人的身分很特別，算是一個逃犯。

此人便是巢谷。

從蘇轍所作的〈巢谷傳〉來看，巢谷雖是蘇氏兄弟的眉山同鄉，但在此前，三人並沒有交集。蘇東坡在二十歲時便離開家鄉赴京趕考，而巢谷比蘇東坡年長十歲，也早早離開眉山赴京參加進士考試。我們知道，蘇東坡的那場考試結局充滿戲劇色彩，因為負責主考的歐陽脩誤以為他的答卷是弟子曾鞏的，為了避嫌，將他的名次從第一改為第二。

但是巢谷的趕考故事就更加離奇了：他在趕考途中遇見那些赴試武舉的壯士，頓時心生豔羨，竟然見異思遷，斷然放棄文科考試，買了弓和箭，開始學習騎射。

巢谷其人豪俠放任的性情，由此可見一斑。

學成文武藝的巢谷最終沒能考中武舉，便開始四處遊歷，結交了很多志趣相同的朋友，與韓存寶的交誼尤其深厚。韓存寶後來成了知名的將領。適逢瀘州的乞弟侵擾大宋邊疆，朝廷命韓存寶出兵討伐。韓存寶不熟悉當地的地形，便邀請巢谷到軍中，幫忙出謀劃策。後來韓存寶因貽誤軍機，被朝廷以「逗留無功」之罪處死。在被逮捕之前，韓存寶自知無望倖免，便將身邊存下的數百兩銀子託付給巢谷，請他幫忙轉交於妻兒。巢谷先前的名字其實是「巢穀」，受此重託，便改名為巢谷，獨自潛行，終不負友人所託。

據蘇轍文中說，前來投奔蘇東坡的巢谷，已經得到朝廷大赦，至於是否如此，我們不得而知。畢竟，在浩瀚的歷史中，巢谷只是一個小人物，如果不是蘇東坡，他可能早已沒沒無聞。

蘇東坡此時的生活已能溫飽，二兒子蘇迨和三兒子蘇過約是十歲左右的學齡兒童，於是巢谷便在東坡雪堂安身，做了西席先生，教兩個少年學文習武。

2

兩個遠離家鄉的眉山人碰面，難免會談起故鄉特有的美食。尤其像蘇東坡這樣的吃貨，不談別的都可以，不談吃萬萬不能。

結果，兩個人一拍即合：他們都特別喜歡一種山野之珍——巢菜。

巢菜又叫紫萁、野豌豆、野苕子、野雞頭、掃帚菜。唐代的《食療本草》說，巢菜能解表利溼、活血止血，治鼻子出血、瘧疾、黃疸等。

有人說，它還有一個婉約的名字：薇菜。

這時候，蘇東坡粉絲團的忠實粉絲陸游又出現了。當時陸游寓居四川，他考證出四川不止一種巢菜：「蜀菜有兩巢：大巢，豌豆之不實者；小巢，生在稻畦中。」陸游大概是把大小巢菜都吃了一遍，最後確定蘇東坡和巢谷愛吃的那一種——不是大巢菜，乃是小巢菜。

而薇菜，其實是大巢菜。那「不食周粟」的伯夷、叔齊兄弟隱居在首陽山中，他們聊以充飢的，是大巢菜。

巢谷，巢菜。巢菜，巢谷。

像蘇東坡這樣的人，沒事就要絞盡腦汁來打趣別人，現在有現成的樂事，他豈肯放過——他對巢谷說，哎呀，難道這是你們老巢家的家菜嗎！

這也是有典故的。

就是那位靠讓梨出名的孔融同學，有一次被人取笑說，孔雀是不是你家的家禽？孔融馬上回敬：那李子是你們李家的家果嗎？

巢谷，字元修，就這樣，巢菜又多了個名字：元修菜。

為了將他自己發明的這個新菜名告之天下，蘇東坡寫了一首長詩〈元修菜〉，詩前還有個序說明。但他說「家菜」一說可是巢谷自己先提起來的哦：

菜之美者，有吾鄉之巢，故人巢元修嗜之，余亦嗜之。元修曰：「使孔北海見，當復云吾家菜耶？」因謂之元修菜。余去鄉十有五年，思而不可得。元修適自蜀來，見余於黃，乃作是詩，使歸至其子，而種之東坡之下云。

彼美君家菜，鋪田綠茸茸。

豆莢圓且小，槐芽細而豐。

種之秋雨餘，擢秀繁霜中。
欲花而未萼，一一如青蟲。
是時青裙女，採擷何匆匆。
烝之復湘之，香色蔚其饛。
點酒下鹽豉，縷橙芼薑蔥。
那知雞與豚，但恐放箸空。
春盡苗葉老，耕翻煙雨叢。
潤隨甘澤化，暖作青泥融。
始終不我負，力與糞壤同。
我老忘家舍，楚音變兒童。
此物獨嫵媚，終年繫余胸。
君歸致其子，囊盛勿函封。
張騫移苜蓿，適用如葵菘。
馬援載薏苡，羅生等蒿蓬。

懸知東坡下，塉鹵化千鍾。
長使齊安人，指此說兩翁。

饛（ㄇㄥˊ）：食物滿器的樣子。塉（ㄐㄧˊ）：貧瘠。

按詩中的說法，元修菜的做法十分簡單：洗淨蒸熟，放鹵鹽，拌點豆豉、蔥花和薑汁，拿來下酒。那滋味無論什麼雞肉豬肉都被拋諸腦後。

想著嫵媚的小巢菜，蘇東坡的口音都不知不覺變成眉山腔了，彷彿回到了童年時光。

陸游這時候又站出來證明：沒錯！他在《劍南詩稿》中，說自己拿元修菜用來做菜羹，確實美味無比。

無獨有偶，當代詩人流沙河先生寫了一篇題為〈馬苜蓿與小巢菜〉的美文，文中描述的小巢菜幾乎與蘇東坡的詩句如出一轍，我們不妨把這段文字作為蘇詩的注解：

小小成都平原，氣候溫和宜人，夏天不像上海那樣熱，冬天不像上海那樣冷。所謂數九寒天，平原依舊碧綠。何物碧綠？碧者竹，綠者樹。更有秋收後的稻田，平疇接天，一望無涯，盡是小巢菜，青翠欲滴。小巢菜真是一種神奇植物，水稻收成完後，遍田撒播種子，不用管理，深秋蓬勃蔓生，紫花開放，逗人憐愛。來年開春，割蔓作豬飼料。割蔓之前，採摘嫩莖，摻以米粉，撒以薑顆，放以豬油，烹而食之，軟香滑糯，終生難忘。五十年前，朱德居京，思念此物，成都平原新繁縣農民採一筐送去，致使元帥食指大動。上個世紀七十年代後期，我在故鄉勞作，曾率小兒到鄉下去下田採摘，兜滿衣襟，烹熟僅一小碗。吾蜀不呼小巢菜名，通稱苕（ㄊㄧㄠˊ）菜。苕字用訛，應作巢菜。據蘇軾說，道士巢元修嗜此物，故名。宋時又稱元修菜，亦因人而名。

小巢菜割蔓之後，根部有豆科植物的根瘤留在土中，犁翻土下，漚成氮肥，比化肥好得多，且更利於土壤保持活性。漢武帝派張騫通西域，引來苜蓿，並非巢菜。苜蓿之名乃古代大宛語 buksuk 之音譯。王維詩云：「苜蓿隨天馬，蒲桃逐漢臣。」指張騫事。蒲桃（葡萄）與苜蓿同時入中國，事見《史記．大宛列傳》。

流沙河先生說到「巢菜」字音訛誤作「苕菜」，而今天的四川傳統名菜「苕菜獅子頭」，正是後人在東坡元修菜的做法基礎上改良而來的。

另外，還有一點蘇東坡說對了，後世的人們確實因此記住了這對老友，記住了他們之間那令人動容的友誼和深情。

蘇東坡與巢谷成為至交，並非只誕生了一道「苕菜獅子頭」。此事還與萬千百姓的性命有關，有必要在這裡記一筆。

宋元祐四年（西元一〇八九年），五十三歲的蘇東坡在度過四年的京官生涯後，出知杭州。

蘇東坡與杭州有緣。早在十五年前，他就做過三年的杭州通判。如果只看這兩個職務，十五年，他幾乎等於原地踏步，只是從一個地方的第二把交椅變成了最高長官。但是我們知道，這十五年間他不僅歷經密州、徐州和湖州太守，還經歷了「烏臺詩案」和四個多月的牢獄之災，然後又謫居黃州四年之久。在那裡，他脫胎換骨，成為真正令我們傾倒熱愛的蘇東坡。再之後，他獲得太后的垂青，一路以火箭的速度從七品芝麻官躍升為三品翰林，在翰林學士知制誥的位置上抵達了他政治生涯的巔峰——就像現在某些比賽的冠軍經常從缺一樣，宋代根本就沒有一品官，宰相也不過官居二品。也就是說，在回到杭州之前，蘇東坡已位極人臣。十五年，他走過了許多人一生也無緣經歷的大起大落、生死悲欣。

現在，他又回到了杭州，如願以償遠離了政治漩渦的中心。率真的本性讓他注定無法做一個像祖先蘇味道那樣四平八穩的高官。模稜兩可？嗯，他知道這個詞彙的深意，知道隱藏在這個詞彙後面的繁華和錦繡，可惜，這個詞距離他，就像赤道距離北極海那樣遙遠。

如果再八卦一點，我們就要說這次杭州赴任，他的身邊還多了一個小孩，是他在京城收留的一個流浪兒。這小孩的名字，叫高俅。

沒錯，就是那個後來在《水滸傳》裡把豹子頭林沖逼上梁山的高俅。

新一頁歷史正在蘇東坡的身邊緩慢醞釀，他不是先知，他只是和我們一樣的肉眼凡胎。他甚至沒有料到，出現在他眼前的，是一個怎樣的杭州。

七月，蘇東坡到任，正值杭州大旱，隨即糧食短缺，物價飛漲。官椅還沒有坐穩，蘇東坡就開始馬不停蹄地向朝廷報告，要求減免稅賦，終於得以留下二十萬石漕糧。他立即將之投放市場，穩定糧價。

大旱之後必有大澇。第二年，杭州連降大雨，瘟疫流行。這一點倒是被蘇東坡料到了。在此之前，他已從政府資金中撥出兩千緡，又在官員和富商中募捐，自己率先捐出了五十兩黃金。靠著這些錢，蘇東坡成立了一個叫「安樂坊」的診所——這是中國史上第一家有明確記載的公立醫院。

在黃州的時候，蘇東坡從巢谷那裡得到一個醫治寒溼疫病的祕方。這個名為「聖散子」的祕方是巢家祖傳的，療效極佳，成本卻非常低廉。這樣一份藥方在手，當然為巢家子孫打下了一條以備不虞的生路。所以巢谷視如性命，一向祕不示人。他要求蘇東坡嚴守誓言，絕不將此方傳給第三人，蘇東坡當然答應了。

既然要保守藥方的祕密，蘇東坡當然就得自己先配好各種藥草，再交給診所的人拿去煎藥，發放給病人。但是病人實在太多了，蘇東坡一咬牙：

對不起，巢谷兄！

友誼本是私物。但意外的是，蘇東坡和巢谷的友誼卻造福了整個杭州城——在當年救人無數。

4

後來蘇氏兄弟遭貶，巢谷掛念老友，執意要去循州和海南探望他們。此時的巢谷已年逾古稀，眉山又與海南相距萬里，沒有人相信他真的能夠抵達。但是巢谷竟然真的動身，一路徒步南行，於元符二年(西元一〇九九年)正月，終於到達梅州。

收到巢谷從梅州寄來的書信，蘇轍簡直如在夢中。但是十天後，巢谷果然如期到達循州小蘇的貶所，一向以穩重練達著稱的蘇轍，見到眼前這位白髮蒼蒼的長者，忍不住淚水直流。

巢谷在蘇轍處住了一個月，便要動身前往海南。此時的巢谷已七十三歲，體弱多病，再加上此前的長途跋涉、旅程勞頓，早已不是當年威風凜凜的中年壯漢。但是巢谷不顧蘇轍的再三苦勸，動身南下。船行到新會，有個差役看他年老，偷走了他的錢袋。過了幾天，小偷在新州被抓獲，巢谷聞訊急忙趕去新州。年邁的老者哪經得起這樣的奔波，到了新州就一病不起，孤零零死在一家小客棧裡。

音信阻隔，一直到第二年的八月，蘇東坡才得知巢谷的死訊，不禁失聲痛哭。他立刻寫信給一位叫楊濟甫的友人，請他幫巢谷的兒子巢蒙準備往返廣東的路費，以便把巢谷的靈柩運回眉山老家安葬；一邊又託付廣東的朋友，讓他在巢蒙到達之前幫忙看顧巢谷的靈柩。

這時候，蘇東坡自己也是一位六十四歲的老人了。也許，交代完這些，他會忍不住獨自吟誦起那首〈元修菜（並敘）〉，不知不覺間淚溼青衫。

腹有成筍氣自華

1

誰不知道「胸有成竹」？這個成語昂首挺胸，有一副運動員的健美身材和一張勝券在握的臉。只是很少有人知道，這個詞的誕生，源自蘇東坡和他的表兄文同。

文同，字與可，年長蘇東坡十八歲，以擅長畫竹聞名。《宋史》說他相貌堂堂，博學而端嚴，「方口秀眉，以學名世，操韻高潔」——看起來和「胸有成竹」也確實很配。

誰不知道蘇東坡畫的墨竹形神俱佳？只是很少有人知道，他的繪畫從理論到技法，都得益於這位文同表兄的言傳身授。

蘇東坡寫過一篇〈文與可畫篔簹谷偃竹記〉，記述這位亦兄亦師的摯友。通篇行文如流水，令人捧腹。但讀到最後，卻又催人淚下。

竹之始生，一寸之萌耳，而節葉具焉。自蜩腹蛇蚹以至於劍拔十尋者，生而有之也。今畫者乃節節而為之，葉葉而累之，豈復有竹乎？故畫竹必先得成竹於胸中，執筆熟視，乃見其所欲畫者，急起從之，振筆直遂，以追其所見，如兔起鶻落，少縱則逝矣。與可之教予如此。予不能然也，而心識其所以然。夫既心識其所以然，而不能然者，內外不一，心手不相應，不學之過也。故凡有見於中而操之不熟者，平居自視瞭然，而臨事忽焉喪之，豈獨竹乎？

蜩（ㄊㄧㄠˊ）：蟬。蚹（ㄈㄨˋ）：蛇腹下代替足爬行的橫鱗。

這就是文同教給蘇東坡的「畫竹心法」，大致說來是這樣：

竹子剛開始生長時，只是一寸高的芽而已，但節、葉都具備了。從像蟬破殼而出、蛇長出鱗一樣生來自有，直至像劍拔出鞘一樣長到八丈高。如今一般人畫竹，是一節一節把竹子接起來，葉子則是一片一片堆上去，這樣畫出的竹子，根本沒什麼氣勢。而文同畫竹之前，心中已先有一根完整的竹子印象，拿起筆向畫紙上凝神而視，心裡所想的竹子便投射在畫紙上。這時要飛快畫下這根竹子，因為那種感覺稍縱即逝，一旦錯過，就難以再現了。

其實又豈止畫竹，幾乎所有的藝術，都可以從這段文字中找到共鳴。

別小看這段不到二百字的敘述，它可是一口氣為我們創造了若干則成語：胸有成竹、兔起鶻落、稍縱即逝……曾經有人統計過，證明蘇東坡至少擁有兩百多則成語的原創版權！

文同雖然沒有造什麼新詞，但他開創了「湖州竹派」，其竹葉畫法特點是以深墨為面、淡墨為背。不過，文同畫竹只是出於喜好，並沒有藉此開畫廊致富的打算，也不看重自己的畫。既然文同先生的竹子畫得好且大有收藏價值，而他本人又不收潤筆費，這樣現成的便宜豈可不撿？所以拿著絲絹上門求他作畫的人絡繹不絕。終於有一天，文同畫煩了，就把這堆絲絹丟到地上，惡狠狠地說：「我要拿這東西去做襪子！」

好事做了那麼多，也沒有幾句牢騷傳得快。文同的一句率性之言，自此傳揚開來，留下一個話柄。

後來蘇東坡出任徐州太守，再有人來找文同索畫，文同就跟人家說，我們墨竹派剛剛遷到徐州去了，你們可以去那裡求畫。然後文同就得意揚揚地寫信給蘇東坡：等著吧，這下襪子的原料就要到你那裡排隊了！文同心情愉快，又在信的結尾附了一句感言：「擬將一段鵝溪絹，掃取寒梢萬尺長。」

很快他就收到了蘇東坡的回信：你這詩裡的竹子長達萬尺，那麼就需要用兩百五十匹絹才能畫出來啊！原來你不想畫畫，只是想私吞這些絹！

文同辯不過蘇東坡，只好認輸：好吧我說錯了，世上根本就沒有萬尺高的竹子。

蘇東坡說：還是不對！竹子長是長，只是影子短而已——世間亦有千尋竹，月落庭空影許長。

面對永遠正確、永遠有理的表弟，文同只好放棄鬥嘴，打哈哈說：要是有這兩百五十匹絹，我就可以買田回鄉養老了。隨信還附了一幅他畫的〈篔簹谷偃竹〉送給蘇東坡。

篔簹（ㄩㄣˊ　ㄉㄤ）是一種竹子，通常生長在水邊，節長竿高。篔簹谷在今陝西省洋縣縣城西北五里，谷中長滿這種叫篔簹的竹子。宋時，洋縣為洋州治所。熙寧八年（西元一〇七五年）到熙寧十年（一〇七七年）間，文同擔任洋州太守，特意在篔簹谷的竹林邊構築了一座小亭，公務之餘，便在谷中與竹為伴，幾乎把自己也當成了竹子家族中的一員，「竹如我，我如竹」；「看畫亭中默坐，吟詩岸上微行。人謂偷閒太守，自呼竊祿先生」。相比塵世間的勞碌和牽絆，文同更喜愛這片無憂無慮、自然天成的世外桃源。

正是在此期間，他畫下了這幅送給蘇東坡的〈篔簹谷偃竹〉畫卷。愛屋及烏，文同也喜愛洋州，他寫了〈洋川園池三十首〉，請蘇東坡作和。這天傍晚，文同在篔簹谷中與妻子吃晚飯，蘇東坡的回信到了。文同一邊吃飯，一邊拆信來看，正見蘇東坡的〈和文與可洋川園池三十首．篔簹谷〉：

漢川修竹賤如蓬，斤斧何曾赦籜龍。
料得清貧饞太守，渭濱千畝在胸中。

籜（ㄊㄨㄛˋ）龍：竹筍的異名。

文同忍不住大笑，嘴裡的飯都噴了出來。

笑話對景，更讓人忍俊不禁——這天文同的晚餐當然有一道燒筍——原來蘇東坡的意思是：「胸有成竹」之前，還需先「腹有成筍」。

順便說一句，不僅「胸有成竹」是蘇東坡的發明，連「腹有詩書氣自華」也是他的專利。出自〈和董傳留別〉中的一句：「粗繒大布裹生涯，腹有詩書氣自華。」

也許，對蘇東坡來說，腹有成筍，比腹有詩書更重要。

2

後來文同變聰明了，一看到有人擺放筆硯，有要請他畫畫的意思，就會趕緊找機會溜之大吉。對此，他有一番冠冕堂皇的理論。他說，過去他的境界還不夠高，心中總有些鬱悶，又找不到排遣的管道，所以畫竹宣洩，那是身為藝術家的一種病嘛。現在這個病已經痊癒，所以他就畫不出來了。

旁人一聽，不由肅然起敬：深奧啊深奧，高見啊高見！

但蘇東坡有不同的看法。他對文同說，既然這是一種病，你怎麼就能保證不會復發？現在我就等你舊疾復發的時候再來占便宜——記住，我這也是一種病，很難治好。

這對「同病相憐」的表兄弟，彼此無話不談，惺惺相惜。蘇東坡曾說，雖然這世上之人都知道文同畫的竹子是珍品，但說到對畫的欣賞和領會，無人能出他之右，「舉世知珍之，賞會獨余最」。而文同呢，也將這個表弟引為畢生知己，說：「世無知我者，唯子瞻一見識君妙處。」每畫完一幅新作，文同都要叮囑：「勿使他人書字，待蘇子瞻來，令作詩其側。」

元豐二年（西元一〇七九年）正月，文同調任湖州太守。赴任途中，於二十一日病逝於陳州（今河南淮陽）驛舍。蘇軾得知噩耗，悲痛欲絕，「氣噎悒而填胸」，接連三日，「夜不眠而坐喟，夢相從而驚覺，滿茵席之濡淚」，揮淚寫下一篇〈祭文與可文〉。

而後朝廷委派蘇東坡繼任湖州太守。這年七月初七，蘇東坡晾晒書畫，見到文同贈他的〈篔簹谷偃竹〉圖，想起半年前故去的兄長兼摯友，忍不住失聲痛哭。

就是在這個月月底，「烏臺詩案」案發，蘇東坡下獄。

命運啊，我們永遠難以窺見它深處暗藏的玄機。

3

後來的事情我們已經知道了，在坐了四個多月的大牢後，蘇東坡到了黃州。看到滿山蒼翠的竹子，馬上吟出了「好竹連山覺筍香」這樣振奮人心的吃貨名句。

楚地竹子多，而楚人也一向善於利用這些好資源，以筍入菜烹飪，花樣繁多：清炒竹筍、竹筍燒鹹肉、竹筍鯉魚湯……仕途坎坷，蘇東坡這一跤摔得雖重，但好像還是很值得。

到了元豐六年（西元一〇八三年），蘇東坡已經在黃州住了三年有餘。這年秋天，同樣喜歡吃筍的黃庭堅寄給蘇東坡自己新寫的〈食筍十韻〉詩。

黃庭堅，字魯直，小蘇東坡八歲。早在熙寧五年（西元一〇七二年），蘇軾在湖州太守孫覺處見到了黃庭堅的詩文，大加嘆賞。過了五年，又在濟南的李常家看到了黃氏詩文，再次讚譽有加。

孫覺和李常都是蘇東坡的好友，而黃庭堅呢，是李常的外甥兼孫覺的女婿。

有了這樣的兩層關係，在元豐元年（西元一〇七八年）的春末夏初，黃庭堅第一次寫信給蘇東坡並贈詩，而蘇東坡隨後作答，二人從此結識。蘇東坡本欲與黃庭堅同輩論交，但黃氏堅持對大蘇執弟子禮。此後，他們不斷詩文酬答，翰墨往還，但直到元祐元年（西元一〇八六年）年初，他們方才在京師相見——也就是說，收到這首〈食筍十韻〉詩的時候，蘇東坡和黃庭堅還沒見過面呢。

如果說蘇東坡的才華多半是源自天賦，那麼黃庭堅的成就則得益於他的勤奮。作為「蘇門四學士」之一，黃庭堅的詩宗法杜甫，風格奇硬拗澀，所謂「無一字無來處」，所以，蘇東坡才把他的詩文比喻成生猛海鮮，是吃多了就難以消化的那種。

我們來看一看這「海鮮」長什麼樣子：

洛下斑竹筍，花時壓鮭菜。
一束酬千金，掉頭不肯賣。
我來白下聚，此族富庖宰。
繭栗戴地翻，觳觫觸牆壞。
戢戢入中廚，如償食竹債。
甘菹和菌耳，辛膳胹薑芥。
烹鵝雜股掌，炮鱉亂裙介。

小兒哇不美，鼠壞有餘嘬。
可貴生於少，古來食共噫。
尚想高將軍，五溪無人採。

而蘇東坡的和詩是這樣的，且看〈和黃魯直食筍次韻〉：

飽食有殘肉，飢食無餘菜。
紛然生喜怒，似被狙公賣。
爾來誰獨覺，凜凜白下宰。
一飯在家僧，至樂甘不壞。
多生味蠹簡，食筍乃餘債。
蕭然映樽俎，未肯雜菘芥。
君看霜雪姿，童稚已耿介。
胡為遭暴橫，三嗅不忍嘬。
朝來忽解籜，勢迫風雷噫。
尚可餉三閭，飯筒纏五采。

狙（ㄐㄩ）即獼猴。

《莊子》中講過一則「朝三暮四」的故事：養猴的老人和猴子商量，早上給牠們三顆橡實，晚上給四顆，猴子一聽都很不高興。於是老人說，那就改成早上四顆，晚上三顆，猴子遂皆大歡喜。當時黃庭堅任吉州太和（今江西泰和）縣令，太和古稱白下，所以蘇東坡稱黃庭堅為「白下宰」。蘇東坡的意思是，我們吃東西的時候，感受到的美味程度並非取決於食材的或葷或素。飽了的話連肉也吃不下，而餓的時候，吃蔬菜也會如風捲殘雲一般。但是世人偏愛肉食而厭惡食素，就好像被狙公捉弄的猴子。

蠹（ㄉㄨˋ）簡：被蟲蛀壞的書。

接下來蘇東坡跟黃庭堅開玩笑說，你這麼喜歡吃竹筍，難道是因為前幾輩子太喜歡看書（古書由竹簡製成），習慣當書蟲了？

蕭然：無拘無束的樣子。樽（ㄗㄨㄣ）：盛酒器。俎（ㄗㄨˇ）：古代禮器。菘（ㄙㄨㄥ）：白菜。籜：筍殼。

蘇東坡又說：竹子無拘無束、尊貴高雅，不願與蔬菜為伍，長大後傲雪而常青，其實小時候就已經非常耿介正直了！想到這可憐的竹筍莫名其妙地被我們拿來做菜，根本不忍心吃啊！有朝一日它突破筍殼，長成一根大竹子，還可以用來盛飯，送給投江的三閭大夫屈原享用。

末尾處關於屈原的兩句詩出現得有點突兀。對此，紀曉嵐的解釋是：「忽然自寓，不黏不脫，信手無痕而玲瓏四照。」認為蘇東坡由屈原的經歷聯想到自身，而二者的流放也確實有相近之處。

這樣說來，以曠達著稱的蘇東坡，也有顧影自憐的時候呢。

4

其實，早在蘇、黃二人正式訂交之前不久，蘇東坡在徐州太守任上就寫過一首〈春菜〉詩，懷念他吃鮮筍和江豚的日子：

蔓菁宿根已生葉，韭芽戴土拳如蕨。
爛蒸香薺白魚肥，碎點青蒿涼餅滑。
宿酒初消春睡起，細履幽畦掇芳辣。
茵陳甘菊不負渠，繪縷堆盤纖手抹。

北方苦寒今未已，雪底波稜如鐵甲。
豈如吾蜀富冬蔬，霜葉露牙寒更茁。
久抛菘葛猶細事，苦筍江豚那忍說。
明年投劾徑須歸，莫待齒搖并髮脫。

這是一首典型的吃貨詩，全詩的每一句基本都有一個主題：啊，我想吃⋯⋯

白魚是翹嘴鮊的俗名，其肉質白嫩細膩，滑而不腥。而薺菜雖是田間易得之物，卻是「菜中甘草」，以薺菜蒸白魚，其味道不知怎麼樣？

不過，蘇東坡自己接著又說，其實這些菜還都是小事，最關鍵的是鮮筍和江豚（很有可能是指河豚），讓他光提起來都快受不了。「明年投劾徑須歸，莫待齒搖并髮脫」，他想要呈遞彈劾自己的狀文，從此棄官不做，回去吃這些佳餚。

黃庭堅看到詩後，也和了一首〈次韻子瞻春菜〉，結尾四句是：「萬錢自是宰相事，一飯且從吾黨說。公如端為苦筍歸，明日青衫誠可脫。」說蘇東坡若為了吃筍辭官歸鄉，那他也寧願脫掉青衫不做官了，陪他一起去吃筍好了。

後來蘇東坡看了黃庭堅的這首和詩，故意對朋友說：「吾固不愛做官，魯直遂欲以苦筍硬差致仕。」——雖然我不愛做官，但是這個黃庭堅，堅持要讓我為吃筍辭職呢。

那時候，他們那棵友誼的竹筍，想必早已衝破了客套的外殼，長成堅硬挺拔的修竹了吧。

5

再說黃庭堅的舅舅李常，字公擇，因為矮胖，蘇東坡送了他一個暱稱「短李」，也不管李常本人是否笑納。在〈次韻秦觀秀才見贈秦與孫莘老李公擇甚熟將入京應舉〉一詩中，蘇東坡就來了一句「一聞君語識君心，短李髯孫眼中見」，把「短李」與孫覺的「髯孫」並列，加上二人又是親戚，很合韻——由此想來，我們印象中的蘇東坡有一把濃密的大鬍子，大概是不對的。一個人身材高大，才會戲稱別人長得「短」；同理，一個鬍子茂密的人，也不可能動不動就喊別人「髯孫」。

再說黃庭堅之所以能夠在北宋文壇占據一席之地，與從小受到舅舅的影響和教誨不無關係。用黃庭堅自己的話說，是「長我教我，實唯舅氏」，而李常的另一位姊姊文城君，她的兒子洪民師也中了進士。後來洪民師又娶了黃庭堅的妹妹，兒子洪朋、洪芻、洪炎、洪羽，全都成了當時有名的詩人。

這裡不說舅舅基因的重要性，且說熙寧九年（西元一〇七六年），蘇東坡密州太守任期已滿，轉調徐州太守。而同一年，李常湖州太守任滿，改任齊州太守。齊州即今天的山東省濟南市，剛好是在徐州的正北方。李常遂南下徐州，探望蘇東坡。二人相約一起喝酒，結果當日狂風大作，蘇東坡豪氣頓起，寫了一首〈約公擇飲是日大風〉，最後一句是：「要當啖公八百里，豪氣一洗儒生酸。」真不愧是豪放派！

大概就是在這一次相見時，蘇東坡收到了朋友寄來的竹筍。順便說一句，稱某種生物小時候為「萌」，並非二十一世紀的發明，在古老的辭書《爾雅》中，對「筍」這一辭條的解釋就是「竹萌」——竹子小時候，真萌。

這一天，蘇東坡不知何故，心情低落，看見園中的芍藥經旱又遭雨淋，枝葉零亂紛披，一片潦倒，乾脆命人剪下花枝，連同剛剛收到的竹筍，一併送給李常，他在〈送筍芍藥與公擇二首〉之一中寫道：

久客厭虜饌，枵然思南烹。
故人知我意，千里寄竹萌。

駢頭玉嬰兒，一一脫錦繃。
庖人應未識，旅人眼先明。
我家拙廚膳，彘肉芼蕪菁。
送與江南客，燒煮配香粳。

在此詩首句後面，蘇東坡還加了一個注：「蜀人謂東北人虜子。」看來，童年養成的口味最難改變，即使是像蘇東坡這樣適應力超強的人也是如此。吃久了北方人的飲食，難免心生厭煩。

饌（ㄓㄨㄢˋ）：食物。枵（ㄒㄧㄠ）：本意是指中空的樹根，這裡引申為空虛，按蘇東坡的本意，應該不僅僅是指空腹飢腸，還有一層是因思念南方美味而心中空落的意思——這也是吃貨的特色吧。

彘（ㄓˋ）：豬。芼（ㄇㄠˋ）：可食用的水草或野菜。

蘇東坡告訴大家：朋友深知我心，從遠方寄來了竹筍。竹筍就如同玉色美麗的嬰兒，嬌嫩無比，把身上的錦衣一一脫掉。廚師還沒認出它是什麼，眾人早已眼前一亮。只是我家的笨廚師只會用豬肉燒野菜和蔓菁這類粗食，像筍這樣的好東西，還是送給江南來的好友李常同學吧，記得燒好後配香粳飯一起吃，這樣最美味！

看到這裡，讓人不由得想起蘇東坡關於竹子和肉的那條著名論斷：

可使食無肉，不可居無竹。

無肉令人瘦，無竹令人俗。

後世有人戲謔地補上一句「不俗又不瘦，竹筍燒豬肉」，並因此認為，蘇東坡不知道用豬肉燒筍的妙處，所以直到明末清初，那位以悠閒著稱的李漁先生，才會鄭重其事地把「素宜白水，葷用肥豬」的吃筍要訣記錄在案。

蘇東坡到底知不知道竹筍可以用來燒豬肉呢？這是一個懸念。

也許他真的不知道——那可是吃貨人生的一大憾事啊！

與杞菊有關的悲喜劇

1

在杭州做了三年通判後，熙寧七年（西元一〇七四年），蘇東坡官升一級，任密州太守。這是有生以來第一次，蘇東坡當上了地方長官。

密州即今天的山東省諸城市。但北宋時的密州下轄諸城、安丘、高密、莒縣、膠西五縣，相當於今天的諸城、安丘、膠州、五蓮、莒南、莒縣、青島市的黃島區，加上日照市的東港區等地，東瀕大海，連高密也囊括在內。地域之廣闊，遠非今天的諸城可比。

十一月，蘇東坡到達密州任上，方才得知此地已連續三年大旱，蝗蟲氾濫成災。而宋代太守任期通常只有兩年，官場又一向是報喜不報憂。如此天災加上人禍，百姓食不果腹，境內盜寇蜂起。從人間天堂的杭州一腳踏進這樣一個嚴酷之地，蘇東坡的心情可想而知。

所以，到任之後，蘇東坡就開始寫奏章。先是上了一道〈論河北、京東盜賊狀〉，說密州地處京東，為大宋朝廷腹心之地，此地亂則天下亂，認為民間災情也有可能危及國家，以期引起神宗皇帝的重視，委派官員前來視察災情，進而減免稅賦。

密州沿海皆產鹽，一些孤貧無業之民，多以煮鹽販鹽為生，要他們取而不煮，或者煮而不賣，簡直不可能。而此時蘇東坡的朋友、新黨的核心人物之一章惇，則主張河北與京東也實行官榷食鹽。蘇東坡得知消息，立刻寫下〈上文侍中論榷鹽書〉，建議朝廷對「販鹽小客，截自三百斤以下者，並與權免收稅」，又建議免除密州百姓的夏稅，減輕農民的負擔。

豈止於動筆動口，蘇東坡是認真的，親自帶著州縣官員下田捕殺蝗蟲，真正身先士卒，「在抗災最前線奔走」，並下令貼補糧米給參加捕蝗的百姓，以激勵民眾抗災。

進入十二月，密州下了一場大雪，蝗蟲終於絕跡。

蘇東坡鬆了一大口氣，一下就病倒了。

2

轉眼到了正月十五上元佳節，蘇東坡回顧在密州的兩個多月光景，再想起在杭州時的美食美色，覺得落差如此之大，簡直恍如一夢，他的〈蝶戀花．密州上元〉這樣寫道：

燈火錢塘三五夜，明月如霜，照見人如畫。帳底吹笙香吐麝，更無一點塵隨馬。
寂寞山城人老也，擊鼓吹簫，卻入農桑社。火冷燈稀霜露下，昏昏雪意雲垂野。

寂寞山城，一點也沒有過節的喜慶感。一向喜歡熱鬧的蘇東坡自然悶悶不樂。

到了春天，密州仍是大旱，蝗蟲捲土重來，於是又上演了一場人蟲大戰。關於這次戰鬥的成果，有一句明確記載，「得蝗子八千餘斛」。

——這是個什麼概念？

斛（ㄏㄨˋ）是古時的容量單位，一斛即一石，等於十斗，一斗等於十升。換算過來，一斛相當於一百升。

但由容量單位轉換成重量單位也會有誤差。一般來說，宋代的一斛稻米合九十二．五宋斤，而宋代的一市斤等於現在的六百四十克。換言之，宋代的一斛稻米約為今天的

五十九．二公斤，八千斛稻米就是四十七萬三千六百公斤，將近五百噸！

可惜，這五百噸不是白花花的稻米，而是死蝗蟲——想想看，五百噸稻米會在眼前堆成多高一座山？而這一年春天，蘇東坡的面前就堆著這樣一座龐大的蝗蟲山！

滅完蝗蟲，天氣仍照旱不誤。怎麼辦呢？

蘇東坡總愛論理，不說辯才天下第一，至少能巧舌如簧辯過他的人不多。現在，他決定發揮自己這項專長，去說服當地的山神。

對蘇東坡來說，求雨這件事情早就摸熟了。早在他第一次工作，即擔任陝西鳳翔府簽判的時候，就碰上了鳳翔大旱。受知府宋選的全權委託，蘇東坡帶領吏卒和百姓，登上鳳翔城南的太白山求雨，並為此寫了一篇〈鳳翔太白山祈雨祝文〉，鄭重向太白山神和龍王宣讀了一遍。兩位神仙很給蘇東坡面子，不到十天，鳳翔連下三場大雨，解了百姓的燃眉之急。

如今，蘇東坡又以密州州長的身分，來到城南二十里處的常山，找山神求雨。

不知是不是蘇東坡的一番痛切陳詞加上慷慨許諾感動了山神，這一次求雨立竿見影，蘇東坡還沒回到府衙，老天便開始降甘霖。第二個月，也就是熙寧八年（西元一〇七五年）五月，蘇東坡再次前往常山求雨，仍是有求必應，簡直太神了！

蘇東坡這麼相信講道理有用，可能是從他喜歡的韓愈老師那裡得來的啟發和信心。韓愈出任潮州刺史期間，正逢境內惡溪中鱷魚出沒，傷人害畜，百姓又恨又懼，卻無可奈何。韓愈就寫了一篇〈祭鱷魚文〉，說自己代天子管理潮州這一方土地，不允許鱷魚在此行惡，並限令牠們七天之內全部遷離，否則別怪刺史大人不客氣。據說鱷魚果然乖乖聽勸，搬到大海裡了。

雖然密州的山神看起來十分通情達理，但蘇東坡還是不太放心。他一面表彰山神，派人重修山神廟；一面著手興建水利工程，畢竟凡事求人不如求己。他號召當地百姓，在城南數里築起了一道十里長堤，以「壅淇水入城」，並計劃在此修建大壩，既可蓄水以備天旱時灌溉農田，又可在連日淫雨之時阻擋「水至城下」。可惜，這一計畫因他調離密州而未能實現。十年後，也就是元豐八年（西元一〇八五年）十月，蘇東坡在赴任登州太守的途中經過密州，仍念念不忘此事，對時任密州太守的霍翔詳細講了一番自己當年的藍圖，希望霍翔能夠付諸實現。他還改造了常山的一處泉水，鑿了一口深井，又修渠引水下山，用於飲用和灌溉。還特地在井旁建了一座亭子，命名為「雩泉亭」，表達對上天和山神有求必應的謝意，然後寫了一篇〈密州常山雩泉記〉以記其事。

如果只是這些事情，還不會讓蘇東坡太頭痛。

再說剛到密州時，蘇東坡曾向朝廷申訴境內盜匪為患一事，這一天，京東安撫司派遣的數十名衙役，進入密州境內緝拿盜匪。沒想到，這班衙役肆意闖入民宅，巧取豪奪，栽贓誣陷，終至群情激憤，爆發了肢體衝突。百姓隨後湧到太守衙門告狀，但被蘇東坡駁回，不予受理。那些安撫司來的衙役也知道事情鬧大了，都躲起來打算避避風頭，如今見蘇東坡有意包庇他們，頓時放心，又都紛紛現身。蘇東坡命人安排他們住在官驛中，等到人差不多到齊時，突然一聲令下，將他們捉拿歸案，隨即找回告狀的百姓，人證物證俱在，衙役們無可抵賴，只得乖乖伏法。

密州既然災荒連年，百姓生存艱困，因此時有棄嬰之事。這些剛出生就被丟棄在路邊的無辜嬰孩，成了蘇東坡最大的心病。這期間，他收到李常寄來的詩，於是和了一首詩寄回去，說自己現在在密州的生活是「綠蟻沾唇無百斛，蝗蟲撲面已三回。磨刀入谷追窮寇，灑涕循城拾棄孩」——一邊親自出去撿拾這些被丟棄的嬰兒，一邊心痛得掉眼淚。

州衙門又不是育幼院，撿回這麼多嬰孩要怎麼養？蘇東坡開始四處尋找那些無兒無女或者有能力收養孩子的家庭，他設法從官倉中撥出部分糧米，但凡領養棄兒的家庭，每月補貼六斗糧米。時間一長，養父母與孩子之間培養了感情，也就再不忍心丟棄了。就這樣，在密州任職的兩年多時間裡，他救了幾十個被遺棄的嬰孩。

什麼叫「愛民如子」？無非也就是這樣。

3

在這樣的景況之下，身為美食家的蘇東坡還能有什麼作為嗎？

也許他可以改吃蝗蟲，並發明蝗蟲的無數種吃法。這可是富有營養的高蛋白，如果火候拿捏得好，說不定堪比有名的炸蟬蛹呢！

可惜，蘇東坡好像對吃蝗蟲沒什麼興趣。

從到密州後的第一年春天開始，蘇東坡和密州第二把交椅劉廷式養成了一個習慣，每天兩個人一下班，就一起到城牆外面閒逛，找枸杞和甘菊來吃。吃飽了，就心滿意足地相對「捫腹而笑」——這是他自己在〈後杞菊賦並敘〉裡說的。

但是，為什麼是「後」呢？

因為唐代的陸龜蒙早就寫過一篇〈杞菊賦並序〉，說自己住的房子荒僻簡陋，房子四周種有枸杞和甘菊，他每天都要採一些嫩芽來吃。到了五月，這些植物枝葉老硬，氣味苦澀，但他還是照吃不誤，還感覺很美味等等。

陸龜蒙，字魯望，又有別號「天隨子」，所以蘇東坡在這篇賦的序言中稱他為「天隨生」：

> 天隨生自言常食杞菊。及夏五月，枝葉老硬，氣味苦澀，猶食不已。因作賦以自廣。始余嘗疑之，以為士不遇，窮約可也，至於飢餓嚼齧草木，則過矣。而予仕宦十有九年，家日益貧。衣食之奉，殆不如昔者。及移守膠西，意且一飽。而齋廚索然，不堪其憂。日與通守劉君廷式循古城廢圃求杞菊食之。捫腹而笑。然後知天隨生之言可信不謬。作〈後杞菊賦〉以自嘲，且解之云。

蘇東坡說他一度很懷疑陸龜蒙的說法，覺得一個讀書人即使仕途不順、生活清貧，不得不過得節儉一點，但竟至於吃草的地步，這也未免太誇張了。但是如今他出仕十九年，家裡越來越窮，衣食穿著還不如早年尚未做官的時候好。現在到了密州，天天和通判劉廷式到處找杞菊，這才相信陸龜蒙。

我們且看〈後杞菊賦〉：

「籲嗟！先生！

誰使汝坐堂上，稱太守！

前賓客之造請，後掾屬之趨走。

朝衙達午，夕坐過酉。

曾杯酒之不設，攬草木以誑口。

對案顰蹙，舉箸噎嘔。

昔陰將軍設麥飯與蔥葉，井丹推去而不嗅。

怪先生之眷眷，豈故山之無有？」

先生聽然而笑曰：

「人生一世，如屈伸肘。

何者為貧？何者為富？

何者為美？何者為陋？

或糠覈而瓠肥，或粱肉而墨瘦。

何侯方丈，庾郎三九。

較豐約於夢寐，卒同歸於一朽。

吾方以杞為糧，以菊為糗。

春食苗，夏食葉，

秋食花實而冬食根，庶幾乎西河南陽之壽。」

蘇東坡虛擬了一個人作為問話者，這個直言不諱的傢伙這樣對他說：

「哎呀，先生！誰讓你坐在大堂上，還被稱為太守？前有賓客請你吃吃喝喝，後有下屬官員當跟班隨從。早上你到了衙門，一直忙到中午，傍晚又辦公到酉時以後。時間這麼長，你也沒喝到一杯酒，反倒拿草來騙自己的嘴巴。對著飯桌，你總是皺眉；拿起筷子，竟反胃得要吐。當年東漢的那位陰就將軍，拿麥飯和蔥葉來招待井丹先生，井丹把這些東西推到一邊，看也不看。只怪你眷戀這個官位，難道你沒有故鄉可歸？」

而東坡先生的回答是這樣：

「人生一世，就像手肘一屈一伸那麼短暫。什麼叫貧困？什麼叫富貴？什麼叫美好？

什麼叫粗陋？有的人吃糠吃菜照樣長得白白胖胖，有的人整天吃山珍海味卻還是瘦骨嶙峋。西晉的何曾每日食萬錢，還喊著沒有能讓他動筷的食物；南齊的庾杲之，翻來覆去只能吃到韭菜，不是一樣活得很好？一個人連睡夢都在計較貧富，可到頭來同樣是一堆朽骨。我以枸杞和甘菊為食，春天吃它的嫩苗，夏天吃它的葉子，秋天吃它的花和果實，冬天吃它的根，說不定我還能像卜商和南陽酈縣山中的居民一樣長壽呢！」

覈（ㄏㄜˊ）：米麥的碎屑，多指粗食。瓠（ㄏㄨˋ）：瓠瓜。

《抱朴子》記載，南陽酈縣山中遍生甘菊，菊花落入山谷的河水中，經年累月，河水竟有了甜味，故得名「甘谷水」。山中的居民食用此河水，皆長壽，高壽者達一百四十、一百五十歲，最少也能活到八、九十歲。而孔子的弟子卜商，字子夏，活了一百歲。

今人只知枸杞和甘菊可以入藥，卻不知它們多麼萬能，從春到冬，可以供東坡先生從頭吃到尾。

這時候的大宋朝廷，君臣上下都在為新法實現了富國強民夢而歡欣鼓舞，忽然一個消息如大風般刮遍朝野：山東兩位地方要員正餓著肚子，漫山遍野地找草吃！

這是什麼意思？嗯？！

這篇賦後來就成了「烏臺詩案」的罪狀之一。御史臺認為蘇東坡故意誇大其詞，把自己的做官生涯說得如此不堪，目的就是為了諷刺朝廷給官員的薪俸微薄，又暗指密州全境百姓的窮困慘狀，也諷刺朝廷沒有盡到職責。

而蘇東坡呢，也大大方方承認說，他認為朝廷施新法，「減削公使錢太甚」，讓他這個太守捉襟見肘。

公使錢就是公帑，是各個地方政府可以自主支配的資金。早在蘇東坡出仕之前，北宋朝廷也曾一度縮減公帑的數額，致使那位「先天下之憂而憂，後天下之樂而樂」的范仲淹先生，在「居廟堂之高則憂其民，處江湖之遠則憂其君」之餘，也開始憂慮大家的錢太少了。為此他特地寫了一份奏章，細數這筆錢的重要性。其實這也是北宋朝廷集權過度的結果，留給地方支配的資金本來就很少，新法實施後，不僅公錢驟減，還規定各個州每年釀造的招待用酒，不得超過百石。所以蘇東坡在寫給李常的詩中，說了一句「綠蟻沾唇無百斛」，一方面固然是說自己沒有違反朝廷規定，另一方面，當然也是在抱怨沒有酒喝。

而我們知道，熱愛生命的蘇東坡雖然不喜揮霍，但他一直堅定地認為，身為人類，就應該過著從容富足的生活。

但是密州，距離他的這個理想實在太遠了。

4

如果用現代科學術語表述蘇東坡與杞菊之間的關係，就是正相關；而蘇東坡與公帑之間，是負相關。任密州太守時如此，十七年後，蘇東坡到了潁州太守任上，這幕戲碼再一次上演——

元祐六年（西元一〇九一年）十月，蘇東坡先生寫了一首〈到潁未幾，公帑已竭，齋廚索然，戲作〉：

我昔在東武，吏方謹新書。
齋空不知春，客至先愁予。
採杞聊自誑，食菊不敢餘。
歲月今幾何，齒髮日向疏。

幸此一郡老，依然十年初。
夢飲本來空，真飽竟亦虛。
尚有赤腳婢，能烹赬尾魚。
心知皆夢耳，慎勿歌歸歟。

元祐六年正值淮西、淮南、淮北一帶發生水災、旱災和雪災，作為一州之長的蘇東坡，公帑已然用盡，廚房裡空空如也，客人來了都要擔心沒東西可以招待，而他自己則只能去採杞菊來吃。要想大吃一頓，基本上只能做夢。太守尚且如此，則潁州百姓的日子可想而知。

好在「尚有赤腳婢，能烹赬（ㄔㄥ，紅色之意）尾魚」，說明還有魚可以吃。但是，也是在這一年，潁州大旱致使西湖東池之水幾近乾涸，蘇東坡不忍心見池中之魚活活乾死，遂號召民眾幫魚搬家，這件事後面再說。

5

後來到了惠州，蘇東坡在嘉祐寺的住處後面，開闢了一個小園圃，種了蔬菜、人參、地黃和薏苡。不知是不是又想起了當年在密州的時光，他還種了枸杞和甘菊。他的〈小圃五詠〉中就有一首是寫枸杞的：

神藥不自閟，羅生滿山澤。
日有牛羊憂，歲有野火厄。
越俗不好事，過眼等茨棘。
青荑春自長，絳珠爛莫摘。
短籬護新植，紫筍生卧節。
根莖與花實，收拾無棄物。
大將玄吾鬢，小則餉我客。
似聞朱明洞，中有千歲質。
靈尨或夜吠，可見不可索。
仙人倘許我，借杖扶衰疾。

閟（ㄅㄧˋ）：遮蔽，掩蔽。戹：迫害。

按蘇東坡的說法，枸杞雖然是很好的藥材，卻從不掩飾、故作神祕，隨意長在田間地頭。而當時的廣東百姓根本不屑吃枸杞，日日年年，任憑牛羊吃、野火燒。枸杞自生自滅，人們甚至把它們和茶樹當成天然的籬笆。不僅春天的枸杞嫩苗沒有人吃，就連秋天熟透的枸杞籽也無人採摘。而蘇東坡呢，則堅持要讓枸杞發揮最大的功用，從根到葉他都要吃。至於效果，當然很不錯，既能烏髮，還能招待賓客。他還聽說旁邊羅浮山上的朱明洞中，生有一棵千年枸杞樹，有靈氣的狗（尨，音ㄇㄤˊ，指長毛狗）也許會感應到，半夜開始吠叫。可是狗想找到這棵樹還是太難了。於是蘇東坡突發奇想：如果仙人肯把這株千年枸杞的樹枝送一根給他當手杖，那麼他這把老骨頭就有依靠啦！

據《本草》載，菊花分為兩種，一種有紫色的莖，氣味香而味道甜，這才算是真正的菊花；而另一種則長著綠色的莖，聞起來有艾蒿的氣味，味道是苦的，名叫「苦薏」，不是真菊。這兩者之間最主要的區別，就在於味道的甘苦，「葉相似，唯以甘苦別之」。又說甘菊的藥性是「平肝火，熄內風，抑木氣之橫逆」。

如果按這種說法，今天我們看到的菊花，大多都要歸入「假菊」了吧？

而蘇東坡當年種在園圃中的卻是真正的菊花，且看〈小圃五詠・甘菊〉：

越山春始寒，霜菊晚愈好。
朝來出細粟，稍覺芳歲老。
孤根蔭長松，獨秀無眾草。
晨光雖照耀，秋雨半摧倒。
先生臥不出，黃葉紛可掃。
無人送酒壺，空腹嚼珠寶。
香風入牙頰，楚些發天藻。
新荑蔚已滿，宿根寒不槁。
揚揚弄芳蝶，生死何足道。
頗訝昌黎翁，恨爾生不早。

菊花採摘的時間越到深秋越合適，早上能觀察到像細粟的花蕾長出來了，在長松的庇蔭下，眾草都由於缺少光照而難以存活，只有菊花長得很好。然而到了秋天，晨光雖然依舊照耀，卻由於難抵秋雨，一半的菊花都倒地了。黃葉滿地，東坡先生臥床不起。

不過，雖然沒有人殷勤送酒來讓他享用，但空著肚子吃甘菊，香味撲鼻，芬芳滿口，心情也很好呢，簡直像馬上就能寫出像《楚辭》那樣華美的詩篇！再冷的天氣，菊花的嫩芽仍舊在生長，菊花的老根也不會死去。你看，菊花紛紛飛揚，與芳蝶共舞，根本就不在乎生死。所以，蘇東坡十分驚訝：為什麼韓愈老先生嫌棄甘菊生得太晚，錯過了春天的好時光呢？

有的花開在春天，有的花開在秋天。造物主好好安排了每一朵花。一切都剛剛好，不會太早，也不會太晚。經歷了一世的顛沛流離，蘇東坡從來都沒有懷疑這一點，他相信造物的安排。

第三章 葷食

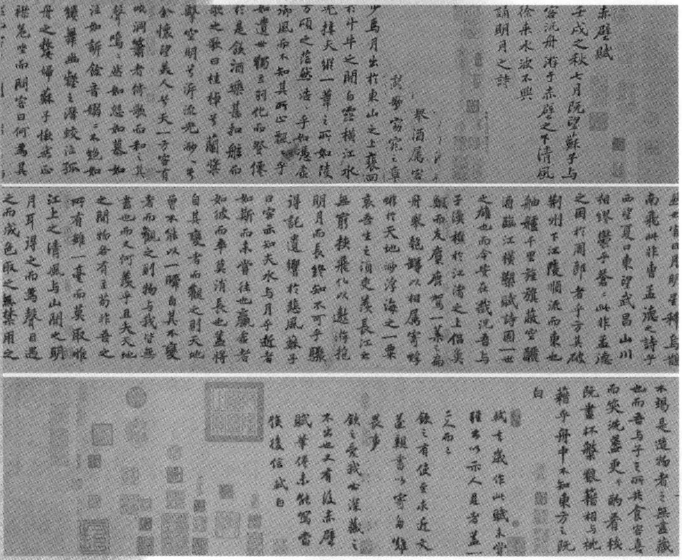

蘇軾書法〈前赤壁賦〉。
〈前赤壁賦〉表達了蘇軾對宇宙及人生的看法，
是中國文學史上的傑作。

豬肉頌

1

說到蘇東坡和肉的關係，大家首先想到的很有可能是那首「無肉令人瘦」的詩，蘇東坡在〈於潛僧綠筠軒〉道：

可使食無肉，不可居無竹。
無肉令人瘦，無竹令人俗。
人瘦尚可肥，俗士不可醫。
旁人笑此言，似高還似痴。
若對此君仍大嚼，世間哪有揚州鶴。

南朝梁文學家殷藝的《小說》講了一則故事：有幾個人在探討人生理想，有的想做高官，有的想發財，有的想成仙，其中一人則想三者兼而得之：「腰纏十萬貫，騎鶴下揚州。」蘇東坡在詩裡所說的「揚州鶴」，用的就是這個典故字面上的意思：成仙。

如果只看這首詩，似乎蘇東坡對竹子的感情遠遠超過了對肉的熱愛，但是我們知道，這首詩是他在杭州做通判期間應寂照寺惠覺禪師之請而寫的——作為一位知名作家兼該地第二把交椅，如果你在送給和尚的詩裡說：吃肉好啊吃肉好，吃肉的人生最美妙……是什麼意思？

蘇東坡愛吃肉，他認為這是天經地義之事，因為孔聖人就非常喜歡吃肉。年少家貧，當從前懵懂之年的我讀到「子在齊聞《韶》，三月不知肉味」時，還誤以為孔子窮得吃不到肉，不禁心有戚戚焉。長大後才明白，孔子在那三個月裡，幾乎天天都有肉吃！他是因為聽著美樂，才感覺吃不到肉的滋味了！幸好我後來的生活大大好轉，小時候最愛吃某道豬肉做的菜色（用豬肉的肥膘部位，油炸後裹上一層糖漿），已經膩到無法下嚥，這才沒繼續聯想孔夫子有多麼鋪張浪費。

再說蘇東坡。被貶謫到黃州，蘇東坡「失之官職，得之美食」，不僅「長江繞郭知魚美，好竹連山覺筍香」，更讓他格外驚喜的是，黃州物價便宜，用他自己的話說就是「豬、牛、獐、鹿如土，魚蟹不論錢」、「魚稻薪炭頗賤，甚為貧者相宜」——豬肉和牛肉價格便宜得像泥土一樣，魚和螃蟹跟路邊撿來的差不多，非常適合像他這種「某某年生人第二窮」之人在此安居樂業。可惜黃州百姓貧窮，有點落後，當然沒什麼吃文化了。於是蘇東坡親自下廚操刀，經過反覆實驗，總結出經驗：豬肉慢火燉三個小時左右，味道最好。就這樣，東坡美食館中的鎮店之寶「東坡肉」誕生了！

淨洗鐺，少著水，柴頭罨煙焰不起。
待他熟時莫催他，火候足時他自美。
黃州好豬肉，價錢賤如土；
貴者不肯吃，貧者不解煮。
早晨起來打兩碗，飽得自家君莫管。

鐺（ㄔㄥ）：古代炊器。著（ㄓㄨˋ）：新增。罨（ㄧㄢˇ）：籠蓋，掩覆。

這首詩流傳甚廣，但據說並非蘇東坡本人所作，屬後人偽託。南宋周紫芝的《竹坡詩話》中記錄了此詩，標題叫〈豬肉頌〉，也叫〈燉肉歌〉。但這首詩的風格太符合蘇東坡的性情了，以至於大家都樂意相信，它就是蘇東坡在黃州期間發明「東坡肉」時揮筆寫下的「廣而告之」，這個「廣而告之」實在是很通俗易懂呢：

把鍋子洗得乾乾淨淨，放一點點水，點燃柴火，控制火勢，用沒有火苗的文火燉豬肉。等它自己慢慢熟吧，火候到了，那滋味自然非常鮮美。

看來，「東坡肉」的做法並不複雜——

主料：豬五花肉六百克。

配料：酒二十五克，冰糖二十五克，醬油四十克，胡椒粉三克，蔥段六十五克，薑切片五十克，蔥花五克，鹽和味精適量。

製法：

1. 將帶皮豬五花肉，切成四寸見方的肉塊，放入冷水鍋中，煮至滾開。

2. 取出肉塊，於瘦肉的一面下刀，切成網眼大小的肉塊，肉皮部分不要切斷。

3. 將蔥段鋪在砂鍋底部，放入肉塊，加冷水至淹過肉，下酒、冰糖、醬油、薑片等調味料，加蓋，以大火燒滾後，轉文火燉三小時左右。

4. 取出肉塊，將肉皮那一面朝上，倒入滷汁，撒上蔥花、味精、胡椒粉，即可食用。

特點：油潤鮮紅，味醇汁濃，油而不膩，香軟可口。

如今的「東坡肉」，當然不止這一種做法，有黃州東坡肉、杭州東坡肉、江西永修東坡肉、江蘇蘇（州）揚（州）東坡肉、雲南大理東坡肉、四川東坡肉等，各具特色。而僅黃州東坡肉就分為清燉、紅燒等數種。但所有東坡肉的做法，均具備一個共同特點，萬變不離其宗——用文火慢燉。因為只有這樣，才能讓肉質軟爛，調味料的香味也可以完美融入肉香之中，吃起來口感佳、易消化——我們稍微留意一下，就會發現好消化、易吸收，正是蘇東坡美食的主要基調。不知這是否與他在中年以後才開始致力於發明美食有關。年輕的時候，吃東西只為滿足食慾，很少人會注重飲食和養生。

但是中年以後，一切都將有所不同。

2

對北宋帝國和自此以後的民間餐桌來說，「東坡肉」的問世，提供了一道葷菜和津津有味的談資。但對蘇東坡而言，其意義不止於此。

如果我們想一想他當時的狀況，那死裡逃生、驚魂甫定；如果我們想一想他面對的生活，那窮鄉僻壤、人地兩疏；如果我們想一想他經濟拮据，一切需要自力更生；如果我們想一想他實際上是被限制居住，等同於被監視的囚徒；如果我們想一想，他甚至不知道自己是否可以從此做一個太平無事的農夫……我們不需要想他的曠世才華，只將他當成一名資質平凡的書生——這書生，他會不會滿面哀愁、牢騷滿腹？他還會不會有心情開玩笑？他還有沒有心情為一碗肉的色香味大費周章？

「東坡肉」的現身提供了一個有力證明：沒有什麼能夠擊垮蘇東坡，以及他那野心勃勃的好胃口。

坦白說，中國的士大夫階層，通常以無趣之人居多。或許這與中國官員的選拔制度有關。在科舉制度被發明出來之前，官員是由民間舉薦。舉薦的首要標準是端直、孝悌——端正嚴肅被認為是執政者必備的威儀，而孝順父母是忠於君主的前提。在讀書生涯的前期，所有小孩都被要求要表情嚴肅、正襟危坐，因為只有這樣，才算有讀書人的樣子。

在一群一本正經的古代官員中間，蘇東坡就像一枝雪中梅花，旁逸斜出，成了最搶鏡的人。

出於謹慎，除非被皇帝猜疑懷有政治野心，官員們很少張揚自己耽於口腹之慾。他們當然也喜歡品嘗美味，但基本上不會親自下廚——君子遠庖廚，廚師和歌伎類似，同為賤役。因此，從古至今，中國的士大夫階層飽享人間美味，推動了美食文化走向繁榮，但他們本人對烹飪卻沒什麼貢獻。

說到這樣的人生，在與蘇東坡同時代的官員們裡，王安石最有代表性。

王安石以邋遢著稱，這裡面可能有蘇洵的功勞。雖然老蘇和王安石並沒有什麼來往，但人類直覺的好惡就是這麼奇怪，彷彿老蘇未卜先知，知道王安石日後一定會成為兩個兒子政治前程上的障礙——他在那篇〈辨姦論〉裡，指桑罵槐地說什麼「衣臣虜之衣，食犬彘之食，囚首喪面而談詩書」——這措辭可不是普通的批判。放到現在來看，王安石完全可以告老蘇人身攻擊。

王安石與蘇東坡政見相左，兩個人在飲食上的態度也大異其趣。有兩個故事可以佐證：

有一則故事說，有一天，某位朋友告訴王安石的家人，說王安石喜歡吃鹿肉。家人很驚訝，因為王安石向來是有什麼吃什麼，從來沒聽他品評過飯菜的好壞，怎麼會突然喜歡吃鹿肉了呢？細問之下方才明白，原來在那次酒宴上，這盤鹿肉就放在王安石眼前。

到了下一場酒宴，朋友故意讓人在王安石面前擺放另一道菜。果然，王安石埋頭吃眼前的這一盤菜，完全沒發現餐桌上還有一盤鹿肉。

第二個故事就有點「可怕」了。但記錄此事的邵伯溫生於宋仁宗至和二年（西元一〇五五年），只比王安石晚出生三十四年，而且其人嚴謹，因此讓人半信半疑——

王安石食而不知其味的故事，傳到了仁宗皇帝那裡。仁宗心生疑竇，決定試一試。某日仁宗賜宴，讓大臣自行到池邊釣魚，誰釣上來的誰吃，御廚就設在池畔。

王安石沒有釣過魚，他也沒有釣魚的閒情逸致，但在皇上的御宴上，又不能擅自走開。他以為身旁小桌上金盤裡的魚餌是某種宮廷小吃，就漫不經心地把這些小球狀的東西一粒一粒吃掉了。

我相信這個故事，也相信王安石沒有打算作秀。因為，人和人是如此不同。

做一個美食家，需要擁有敏銳的嗅覺和味蕾，而王安石可能剛好屬於遲鈍的那一型。

做一個美食家，還需要一顆細膩的、熱衷於閒情逸致的心。而王安石，他心裡可能只裝著某幾件「重要的事」，其他的事情都可以視而不見。

很多有成就的人恰恰屬於王安石這一類型，他們直奔人生目標而去，根本無暇顧及行人和風景。甚至，他們會因此收穫更多的讚美，因為世人相信「心無旁騖」是成就大事者必備的美德。

但是會讓蘇東坡心有旁騖的事情實在太多了，所以他成了一名大雜家——中國史上重要的詩人和散文家；豪放詞派的開山鼻祖；北宋四大書法家之一；中國真正的文人畫也自他而始。至於美食，也許只不過是他生命的浩瀚星空中散落的數點星辰。

但是，細節上的精采，難道不正是人生中真正的精華嗎？

3

蘇東坡生命中的一個重要細節，是他與佛法及僧人的緣分。

本來是在說吃肉，卻偏偏要提起忌葷腥忌殺生的佛法……但開篇既然已經犯忌，索性繼續犯下去吧。

因為蘇東坡確實有一篇文章〈答畢仲舉書〉說到豬肉和佛法的關係，就大剌剌地寫在他與朋友探討佛法的信函上：

往時陳述古好論禪，自以為至矣，而鄙僕所言為淺陋。僕嘗語述古，公之所談，譬之飲食龍肉也，而僕之所學，豬肉也，豬之與龍，則有間矣，然公終日說龍肉，不如僕之食豬肉實美而真飽也。不知君所得於佛書者果何耶？為出生死、超三乘，遂作佛乎？

陳述古是蘇東坡任杭州通判時的上級，看來也是個喜歡探討佛法的人。他認為蘇東坡對佛法的理解過於淺陋。蘇東坡說，您所談論的，好像是食用龍肉，而我所學習的是吃豬肉，豬肉與龍肉差很多。蘇東坡自己也承認，他確實只學得了佛法中粗淺易懂的部分。對諸如「出生死、超三乘」之類的虛玄之談，他覺得那些是龍肉。龍肉當然很高級，但沒人見過，更沒人吃過。而他自己從佛學中得到的這些，相當於豬肉，沒錯，是比龍肉低了若干級，但卻可知可感，有營養、味道佳，「實美而真飽」。

——看看，這就是蘇東坡的吃肉價值觀。

哦不，是佛學觀。

蘇東坡雖然篤信佛法，對道家也參習頗深，但一旦開始毀僧謗道，一樣牙尖舌利，毫不嘴軟。

為什麼僧人生活清苦，卻還是有俗人甘願剃髮為僧？蘇東坡一語道破天機：很多人根本就不是因為什麼一心向佛或者看破紅塵，而是一旦出家，就不需要再辛苦種田、繳納稅賦啦。

他還嘲諷那些欺世盜名的偽君子，說他們跟一群為了喝酒吃肉而絞盡腦汁幫葷菜取小名的和尚差不多，他在〈僧文葷食名〉道：

僧謂酒為般若湯，謂魚為水梭花，雞為鑽籬菜。竟無所益，但欺而已，世常笑之。有位不義而文之以美名者，與此何異哉！

罵歸罵，蘇東坡還是有很多高僧朋友，後世最熟悉的一位，當然是佛印了。

佛印本是讀書人，二十八歲時出家為僧，同時又頗得道家真髓，大有「三教相容，形成一宗」的意思。這一點與蘇東坡很像。不僅如此，所謂人以群分，佛印和蘇東坡還有一個志同道合的地方——他們都擅長煮豬肉。大概佛印大師也是「酒肉穿腸過，佛祖心中留」吧！

也是周紫芝的《竹坡詩話》，記載了一個佛印請蘇東坡吃豬肉的故事。豬肉煮好了，蘇東坡還沒有來。佛印一轉身，一鍋香噴噴的豬肉不見了！

豬肉被誰偷吃了呢？蘇東坡戲作一首小詩〈戲答佛印〉揶揄佛印：

遠公沽酒飲陶淵，佛印燒豬待子瞻。

採得百花成蜜後，不知辛苦為誰甜。

東晉時的著名僧人慧遠禪師曾在廬山結「蓮社」，入社的都是當代的高人名士，唯有陶淵明屢請不至。因為陶淵明嗜酒如命，慧遠只好破例允許他喝酒。但陶淵明還是嫌寺廟規矩太多，沒有入社。蘇東坡在詩裡把自己比喻成陶淵明，把佛印比喻成慧遠禪師，誇獎佛印像一隻辛勤的蜜蜂，只是釀成的蜜不知被誰偷吃了而已。

而佛印呢，這個白忙了一場的蜜蜂，只能苦笑了吧！

4

雖說「肉食者鄙」，但蘇東坡這樣熱愛吃肉，沒有肉吃和不能吃肉的日子，該有多麼痛苦。

《東坡志林》裡有一個他說服自己不要吃肉的故事。

事情的起因是蘇東坡不幸患上了紅眼病，就是現在所說的「結膜炎」。據說這個病不能吃肉食——

余患赤目，或言不可食膾。余欲聽之，而口不可，曰：「我與子為口，彼與子為眼，彼何厚，我何薄？以彼患而廢我食，不可。」子瞻不能決。口謂眼曰：「他日我痁，汝視物吾不禁也。」管仲有言：「畏威如疾，民之上也；從懷如流，民之下也。」又曰：「燕安鴆毒，不可懷也。」《禮》曰：「君子莊敬日強，安肆日偷。」此語乃當書諸紳，故余以「畏威如疾」為私記云。

痁（ㄕㄢ）：病。

蘇東坡說，得紅眼病要忌葷腥，他本人對此沒意見，但他的嘴巴不同意：既然是眼睛生病，憑什麼倒楣的卻是我啊？蘇東坡答不出來。嘴巴於是自己找眼睛商量：以後如果哪天嗓子啞了，還是讓你看東看西，怎麼樣？於是蘇東坡只好拿聖賢之言來說服自己的嘴巴：管仲說了，只想隨心所欲的人，那是人渣！《禮記》也說了，放縱自己就是苟且偷生，只會越活越慘！

看來，想讓蘇東坡不吃肉，需要一套龐大的哲學體系和無懈可擊的萬全邏輯。

但是紹聖四年（西元一〇九七年），蘇東坡被貶謫海南，他從惠州出發，要上溯西江，走幾百里到現在的廣西梧州，然後南行到雷州半島渡海——前面〈老饕賦〉中提到的那一碗他不敢細嚼就吞下去的麵條，正在這條路上等著他。

那時候航海還只能依靠老天爺颳風。那時候的渡海人，性命全靠老天眷顧。鄭和下西洋的壯舉也還要等到三百年以後。按照慣例，渡海的旅客必須齋戒，到寺廟中占卜出航的吉日，然後在客棧中耐心等候，這段時間達十天之久。不巧，蘇東坡的痔瘡復發了，不能食葷腥。蘇轍又勸他靜臥養病，別看書勞神，所以這十天他閒得不得了，度日如年。〈客俎經旬無肉，又子由勸不讀書，蕭然清坐，乃無一事〉寫道：

病怯腥鹹不買魚，爾來心腹一時虛。
使君不復憐烏攫，屬國方將掘鼠餘。
老去獨收人所棄，悠哉時到物之初。
從今免被孫郎笑，絳帕蒙頭讀道書。

想到當年蘇武牧羊時三餐難繼，不得不掘野鼠充飢，蘇東坡百感交集，想到那很可能就是在海的另一邊等待他的命運。但是那又有什麼關係？反正自從他老了以後，都專門收集一些別人丟棄不要的東西。

又一次，他說中了。

蘇東坡與小鮮肉

1

即使是在年輕的時候，蘇東坡離小鮮肉的長相大概也相去甚遠——他與小鮮肉有什麼關係？

我們知道，漢字的美妙之一，在於「會意」。魚和羊均是美味，牠們並列在一起，就成了「鮮」。徽菜中有一道「魚羊鮮」的名菜，由鱖魚、鯽魚或者鯉魚等加上熟羊肉燜燒而成。「鮮」的後面跟著「美」，是人類所追慕的味覺盛宴。而「美」，按照宋人徐鉉在《說文》中的解釋是「羊大則美」，由此又引申出一個「羨」字：上面還是一隻羊；下面的兩個字，許慎解釋為「慕欲口液也」——篆體中的「欠」，像極了一個人張著大嘴；其旁邊再加上水，真是形象到令人忍俊不禁。段玉裁對此進一步注釋：「有所慕欲而口生液也。」不好意思，就是看著羊饞到直流口水。

都知道羔羊跪乳，古人認為這是有靈生物知禮的象徵。所以在上古時候，羊就作為祭祀之用。而用於祭祀的羊，就成了吉祥的「祥」。

不知是從哪個朝代開始，吃羊成了貴族的專利，普通百姓沒有資格。中原大地上已知的最早的宮廷宴席——著名的「周代八珍」，有一半是以羊為食材進。後來羊肉雖然普及民間，但作為「鮮」的代表，其中仍舊隱藏著某種心照不宣的階級優越感。而當時的牛是用來耕田的，比較珍貴，所以在古人的日常副食品中，豬肉是賤民的食物，所謂「貴者不肯吃」，就是這個意思。

在蘇東坡生活的時代，這樣的觀念並未改變。北宋的皇帝把羊肉指定為御膳首選肉品，驢、馬、雞、鴨、鵝、魚通通列於其後。宋真宗在位時，「歲費羊數萬口」，一年要吃掉好幾萬頭羊。到了宋仁宗時代，皇宮每天要殺四十頭羊，最高紀錄達到兩百八十頭。至於宋神宗執政時期，皇室每年食用羊肉四十餘萬斤，折合每天需要吃一千斤左右。

南宋朝廷偏安一隅，苟延殘喘，但對羊肉的熱愛並不因此稍減。據《東京夢華錄》和《夢粱錄》記載，在南宋的首府臨安，飯館和食攤上的羊肉類食品非常豐富，包括蒸軟羊、鼎煮羊、千里羊、羊雜、大片羊粉、燒羊、五辣醋羊、元羊蹄……可謂應有盡有，足以供口味不同的貴客們一飽口福。

這樣說，好像鋪天蓋地都是羊肉，但對於普通人家，吃一頓羊肉僅僅是偶一為之的事情。

南宋人洪邁講過一個關於羊肉的故事。說是某位尚書的女兒嫁給了一位姓林的普通官員，一開飯就心情不好。她的小官員夫君無可奈何，勸慰她說：「吾家寒素，非汝家比，安得常有羊肉？」——一個普通官員的家裡也不是每天都能吃到羊肉，普通百姓之家更可想而知。所以當時有一句打油詩這樣說：「平江九百一斤羊，俸薄如何敢買嘗。」

但是陸游提出了一個可以經常吃到羊肉的辦法，這個稍後再說。

中醫認為羊肉性屬火，味甘而大熱，可以補中益氣、安心止驚、開胃健力。北方人一向將羊肉作為大補之物，冬季多有食之。羊肉吃法也多，涮、烤、燜、炸、炒、炙，無所不可。「周八珍」中最著名的「炮羊」，就是將宰殺後的整隻羊清理乾淨，在羊腹中塞進食物和水果，之後用蘆葦等物把羊裹好，外面再塗上厚厚一層泥與草，放在大火上燒烤，做法與江南名菜「叫化雞」有點像，但這還只是第一道工序。等泥殼被烤乾後，敲碎取出整羊，再用稻粉調成的麵糊塗滿羊身，以熱油煎。煎後的羊肉再切成小塊，灑些調味料盛放於鼎中，然後將鼎放在大湯鍋中連續煮三天三夜——如此耗時費力做出的羊肉，不知是何等滋味？

這種經過烤炙的羊肉，味道大概比烹煮的好，所以蘇東坡非常喜歡吃。早在任杭州通判期間，他就表明自己是「平生嗜羊炙」，〈正月九日，有美堂飲，醉歸徑睡，五鼓方醒，不復能眠，起閱文書，得鮮于子駿所寄雜興，作古意一首答之〉道：

眾人事紛擾，志士獨悄悄。
何異琵琶弦，常遭腰鼓鬧。
三杯忘萬慮，醒後還皎皎。

有如轆轤索，已脫重縈繞。
家人自約敕，始慕陳婦孝。
可憐原巨先，放蕩今誰弔。
平生嗜羊炙，識味肯輕飽。
烹蛇啖蛙蛤，頗訝能稍稍。
憂來自不寐，起視天漢渺。
闌干玉繩紙，耿耿太白曉。

當時的杭州州府官邸位於鳳凰山下。而與鳳凰山毗鄰的吳山，是杭州城中有名的風景勝地。吳山最高處原有一座江湖亭，時已頹圮。宋嘉祐二年（西元一〇五七年），龍圖閣直學士、吏部郎中梅摯離開京城出守杭州。仁宗皇帝作〈賜梅摯知杭州〉詩賜給他，中有「地有湖山美，東南第一州」之句，因此梅摯便在吳山江湖亭遺址上建了一座「有美堂」，還請歐陽脩寫了一篇〈有美堂記〉。有美堂觀景位置極佳，蘇東坡與同僚及友人們常到那裡賞景，也因此寫下了諸如〈有美堂暴雨〉等詩和文章。

而從這首詩中看，除了最愛吃烤炙羊肉，蘇東坡還吃過蛇和青蛙，並且驚覺蛇肉和蛙肉吃起來竟然有點羊肉的味道——此時，他還沒有體驗過「烏臺詩案」之後的困頓生活，大概也沒有必要從別的食物那裡尋找羊肉的味道。

2

後來到了惠州，吃不到炙羊肉了。他在小園子裡種的那些蔬菜和藥材，成了他和蘇過主要的飽腹之物。在〈雨後行菜圃〉中，他說「芥藍如菌蕈，脆美牙頰響。白菘類羔豚，冒土出蹯掌」，誇口自己種的芥藍如菌蕈一樣清脆和美味，而白菜的味道簡直比得上羊肉和熊掌——這樣一說，好像什麼也不缺了。

在當時的惠州集市上，每天只殺一頭羊。既然吃羊肉是貴族士大夫階層的特權，身為朝廷犯官的蘇東坡，哪裡有餘裕買到羊肉？所以他提前去找殺羊的屠戶，請他留一點羊脊骨，煮熟後剔骨頭縫裡的肉吃。他寫給弟弟蘇轍的信中說了這件事。後來這篇〈眾狗不悅〉的短文，就收在他的《仇池筆記》裡。

但狗為什麼要生蘇東坡的氣呢？

事情是這樣的：

惠州市寥落，然每日殺一羊，不敢與在官者爭買。時囑屠者買其脊，骨間亦有微肉，熟煮熟漉，若不熟，則泡水不除，隨意用酒薄點鹽炙微焦食之。終日摘剔，得微肉於牙綮間，如食蟹螯。率三五日一食，甚覺有補。子由三年堂庖所食芻豢，滅齒而不得骨，豈復知此味乎！此雖戲語，極可施用，用此法，則眾狗不悅矣。

羊脊骨煮熟後，趁熱剔出裡面的肉，隨便蘸一點酒，加一點鹽，烤到微焦時吃。整天剔骨頭，也只能得到那麼一點點肉（牙，指外緣突出部分；綮，音ㄑㄧㄥˋ，指骨骼的凹凸和關節處）。肉雖少，但吃起來特別美味，大有吃蟹螯的感覺——這些肉都那麼少！不過，這炙羊骨也不能天天吃，幾天吃一次，對身體也蠻補的。

蘇東坡在信中把這個炙羊骨的祕方傳授給蘇轍。又說太可惜了，子由你天天享用公家的大餐，根本看不到骨頭，哪能吃得到這等美味。這炙羊骨是真的好吃，希望你也試試。只是這樣一來，骨頭都剔得一乾二淨，狗群當然要生氣了。

——雖然大有「狗口奪食」的嫌疑，但蘇東坡顯然對此十分得意。

後來，蘇東坡這個炙羊骨祕方變成了知名的「東坡羊骨肉湯」，具體做法是這樣：

原料：

羊脊骨一千兩百五十克，熟豬油七十五克，紹興黃酒五十克，蔥結（用乾淨的細線或蔥葉將蔥段綁在一起，方便菜熟後取出）十五克，大蒜十五克，桂皮、花椒、紅乾椒、薑片、醬油、味精、精鹽適量。

做法：

1.將羊脊骨剁成一寸半長、一寸寬，下鍋加水至淹沒羊脊骨為止。大火燒沸，倒掉血水，將湯瀝出不用。

2.取一個大瓷盤，加清水一千毫升，放入桂皮、花椒、紅乾椒、紹興黃酒、蔥結、薑片、醬油、精鹽、豬油，入籠，以大火清燉至沸，改以小火繼續燉，至軟爛為止。離火，去掉蔥結、薑片、紅乾椒、桂皮，灑上味精、胡椒粉，即成。

3

蘇東坡很專情。他終其一生都懷著對炙羊肉的無限熱愛。

也不止一次，他這樣對世界表白。

元祐三年（西元一〇八八年），蘇東坡在京城擔任翰林學士知制誥期間，同僚曹輔（字子方）發遣福建路轉運判官。那位請蘇東坡吃「皛飯」的劉貢父，寫了一首〈送曹輔奉議福建轉運判官〉相贈，而蘇東坡則作〈送曹輔赴閩漕〉，在詩中他再次說起「平生羊炙口」：

曹子本儒俠，筆勢翻濤瀾。
往來戎馬間，邊風裂儒冠。
詩成橫槊裡，楯墨何曾乾。
一旦事遠遊，紅塵隔巖灘。
平生羊炙口，並海搜鹹酸。
一從荔枝飲，豈念苜蓿槃。
我亦江海人，市朝非所安。
常恐青霞志，坐隨白髮闌。
淵明賦歸去，談笑便解官。
今我何為者，索身良獨難。

憑君問清淮，秋水今幾竿。
我舟何時發，霜露日已寒。

槊（ㄕㄨㄛˋ）是一種古兵器，類似長矛。橫著長矛賦詩，指英雄豪邁、能文能武。楯（ㄉㄨㄣˋ）墨，典出《北史．文苑列傳》，說荀濟「會楯上磨墨作檄文」，後世遂以「楯墨」為文人從軍作檄文的典故。這裡蘇東坡連用六句詩，來讚美曹輔的儒俠氣概。

唐代開元年間，薛令之任東宮侍讀，俸祿待遇低，生活清苦，只得以苜蓿充當飯菜。因此他作詩抱怨：「朝旭上團團，照見先生盤。盤中何所有？苜蓿長闌干。飯澀匙難綰，羹稀箸易寬。只可謀朝夕，何由保歲寒。」蘇東坡說曹輔此去福建，到處是南方美食可以品嘗，再也不會留戀在京城時的寡淡生活了。至於他自己，也不屬京城官場中人，遲早要去往江湖之遠。想當年陶淵明辭官歸隱，何等瀟灑，可是自己想過那種自由自在的日子，怎麼就那樣難呢？

蘇東坡從未放棄辭官歸隱的夢想。但是牢騷歸牢騷，在今天的我們看來，這是蘇東坡一生中最雍容明媚的時光。仕途抵達巔峰，近乎位極人臣。翰林院靠近皇宮的北門，是皇宮區的一部分。起草詔書的工作都是在夜間進行，每月單日起草詔命，雙日頒行，這是宋代朝廷的定例。在翰林學士知制誥的位置上，蘇東坡共起草了八百多道詔命，這些詔書無不文辭優美，更密集地引經據典。後來，一位姓洪的學士也是做這份工作，對自己的博學和文采十分得意，故意問一位曾經侍奉過蘇東坡的老僕，他的工作能力比起大蘇學士來如何？老僕說：蘇學士起草詔書未必比您快，但是，他從來都不用翻書。

此時的朝廷中，高太后代替年幼的孫子哲宗理政。小皇帝賜給蘇東坡一套官袍、一條金帶、一匹白馬，外帶一套鍍金的銀鞍銀轡頭。每天一大早，蘇東坡就騎著這匹白馬上朝。

現在，我們看見騎著白馬緩緩而來的那個人，他不是王子，也不是唐僧，而是蘇東坡。當時百官黎明上朝，都要經過東華門，所以這一帶是京官們最喜愛的住宅區。蘇東坡的新家就在靠近東華門的白家巷裡，周圍遍布銀樓、綢緞莊和各種飯館。這是北宋帝國最繁華的區域，當然，這裡的物價也昂貴得驚人。但是多貴的東西都會被出手闊綽的客人買走，飯館常備有四、五十道菜餚，並負責為客人包辦家宴，同時出借全套的銀質餐具。這些價值四、五百兩銀子一套的銀器，都可以大大方方地留在客人的家中過夜。

這時候的蘇東坡，很喜歡在家裡請朋友們吃飯，想必他最常吃的，就包括炙羊肉吧。

這時候，他的朋友范純仁——名臣范仲淹的兒子——也回到了京師，並當上了宰相。弟弟蘇轍亦回京任職，由御史中丞升為尚書右丞。長子蘇邁在江西當一個小官，但次子蘇迨和三子蘇過都在他的身邊。蘇東坡的聲望也在這期間達到了頂峰，被公認為文壇領袖，雖說他並未官拜宰相，聲望卻在百官之上。他戴的那頂高高的帽子也成了文人爭相仿效的時尚，這就是後世所稱的「子瞻帽」，宮廷戲班裡的伶人們表演，也要提一下這頂帽子裡盛裝的智慧大腦，讓小皇帝聽了忍不住直笑。

蘇東坡和羊肉的關係也越來越緊密。而他那位同樣很有名的粉絲陸游，就在《老學庵筆記》裡鄭重地說了一句：「蘇文熟，吃羊肉；蘇文生，吃菜羹。」——只要把蘇東坡的文章讀得滾瓜爛熟，就能考中進士做大官，從此過上隨便都能吃羊肉的幸福生活了；反之，抱歉了，只能吃菜羹囉。

而這，竟然成了當時廣為流傳的諺語。

蘇東坡還在無意中幫別人賺了許多羊肉。這時的蘇東坡已經成了大宋帝國的超級偶像，他用過的每一樣東西，一張紙、一支筆、一字一畫，都成了眾人爭購收藏的對象。如果他自己意識到其中蘊藏的巨大商機，說不定能就此成為百萬富翁，也未可知。

當時的京城殿帥姚麟就很喜歡蘇東坡的字，不惜成本高價收購，為此找到了蘇東坡的祕書韓宗儒。每當蘇東坡留在宮中當值，韓宗儒要傳遞消息，就會差人送來短函，蘇東坡也就隨手把答覆寫在紙上，由來人帶回去。姚麟就和韓宗儒商量，用十斤羊肉來換一份蘇東坡的手書短函。

世上沒有不透風的牆，這件事後來被黃庭堅知道了，便拿來打趣蘇東坡：從前王羲之用字來和道士換鵝，現在你的字也被人拿去換羊肉了啊！得到這個情報，蘇東坡忍不住哈哈大笑。這一天，韓宗儒又派人傳來短函，蘇東坡童心頓起，故意只用口頭答覆。過了一下子，被打發回去的僕人又進來了，要求一紙書面答覆。蘇東坡大樂：「告訴你家老爺，本官今日禁屠！」

他不寫字，羊就保住了性命。

隔著千年，遙遙向我們走來的白馬東坡，就有這麼強大的明星氣場！

野味之美

1

在黃州，躬耕隴畝的蘇東坡在田間發現了一口井，非常高興。到了三月，本來乾旱的天氣，突然下了場大雨。一股清亮的泉水從遠處的山嶺上流下來，正好穿過這片東坡。這可真是一場救命的及時雨啊，蘇東坡感動得差點掉下眼淚。他一面趕緊清理引水的溝渠，一面感慨萬端。

在水渠旁邊的瓦礫叢中，蘇東坡又發現了一些芹菜。他馬上想到了四川老家的鄉親們最喜歡吃的芹菜燴斑鳩，心情更加高昂，口水差點流下來。〈東坡八首之三〉這樣寫道：

> 自昔有微泉，來從遠嶺背。
> 穿城過聚落，流惡壯蓬艾。
> 去為柯氏陂，十畝魚蝦會。

歲旱泉亦竭，枯萍黏破塊。
昨夜南山雲，雨到一犁外。
泫然尋故瀆，知我理荒薈。
泥芹有宿根，一寸嗟獨在。
雪芽何時動，春鳩行可膾。

在詩的後面，蘇東坡特意加了一個注解：「蜀人貴芹芽膾，雜鳩肉為之。」「東坡春鳩膾」從此名揚天下。

原料：

斑鳩胸肉、嫩芹菜、蛋清、白糖、澱粉漿、紹興酒、豬油、胡椒粉、味精、精鹽、蔥花、薑末。

做法：

1. 選用初春的斑鳩胸肉放入清水盆中漂去血水，洗淨，用刀背將肉拍鬆，切絲盛缽，下紹興酒、精鹽稍漬，以澱粉漿、蛋清拌勻。芹菜洗淨切成絲。

2.炒鍋置大火上，下豬油炒至五分熱，放入鳩肉炒散，呈乳白色時，倒入瀝網濾油。

3.原炒鍋內留油五十克，放大火上燒熱，下芹菜絲稍炒散發出香味時，再放入鳩肉合炒，加薑末、白糖、味精、胡椒粉、蔥花，滑炒兩分鐘，起鍋盛盤即成。

特色：芹菜清香，鳩肉鮮嫩，為上乘野味佳品。

在宋代，斑鳩還是極普通的野生鳥類，而且，因為斑鳩胸寬、翅尖窄、頸長，不宜長途飛行，也很容易捕獲。據說鴿子就是從斑鳩馴化而來的。只是，如今已不常見到斑鳩了，所以現代人做此菜時，一般會用肉鴿來替代。

不過也有人說，蘇東坡在此期間去了一趟鄰近黃州的蘄州，在那裡吃到了美味的芹菜春鳩膾。

蘄州即今天的黃岡市蘄春縣。從南梁始有建制，是一座文化古城，物產十分豐饒，尤以其獨有的蘄菜、蘄艾、蘄龜、蘄蛇、蘄竹而聞名八方。「蘄州」之名的由來，也正是因為盛產蘄菜。

蘄菜是什麼？李時珍在《本草綱目》中解釋說：「楚有蘄州……地多產芹，故(蘄)字從芹。蘄亦音芹。」「芹，其性冷謂如葵，故《爾雅》謂之葵。」

原來，蘄菜就是芹菜，又名葵菜、冬葵、楚葵，等等。

雖然蘇東坡說四川人喜歡用芹菜燴鳩肉，但比起楚蘄，蜀芹其實遜色甚遠。《呂氏春秋》乾脆斷言：「菜之美者，有雲夢之芹。」雲夢之芹就是楚蘄，也就是蘄州的芹菜。

按李時珍的說法，芹菜分為水芹和旱芹兩種，「水芹生江湖陂澤之涯，旱芹生平地，有赤、白兩種。二月生苗，其葉對節而生，似芎藭。其莖有節稜而中空，其氣芬芳。五月開細白花，如蛇床花。楚人採濟飢，其利不小」。蘄州的芹菜之所以特別，是因為其葉柄長，葉片大而翠綠，做出的菜脆嫩、清新，兼水旱兩芹的優點。其所含的營養成分十分豐富，而這些物質大多含於葉片之中。如今我們吃芹菜通常只取其莖，而將葉子丟棄不用，多少有點可惜。

蘇東坡之所以這麼看重芹菜，恐怕不只是因為他喜歡吃這種菜，更因為芹菜的清雅之姿自古就被引為讀書人的理想品格。《詩經．魯頌．泮水》中就有「思樂泮水，薄採其芹」之句，古代的讀書人考中了秀才，到孔廟祭拜時，要在學宮旁邊的泮池中採水芹插在帽子上，完成這套儀式，才算是真正成為讀書人，所以「採芹人」一向是讀書人的雅稱。在《紅樓夢》第十七回中，賈寶玉所作對聯「新漲綠添浣葛處，好雲香護採芹人」用的正是這個典故。

蘇東坡剛到黃州後不久，元豐三年（西元一〇八〇年）五月，表兄文同的靈柩經過黃州，蘇東坡寫了一篇〈黃州再祭文與可文〉，其中有「何以薦君，採江之芹」一句，正是暗指文同品性高潔。

經歷了生死劫難，在〈東坡八首〉中的第一首和第二首中，蘇東坡並未掩飾自己遭受貶黜的孤獨、流離和苦痛之情，但到第三首，他描述了春來雨至、萬物復甦的風景，所謂「泥芹有宿根」——萌發的新芽正重獲新生。

蘇東坡沒有想到，六百多年後，他的這首詩震撼了一位書生的心靈。這位名叫曹霑的書生，經歷了抄家巨禍和半生潦倒，吟詠著詩中「泥芹有宿根」、「雪芽何時動」，遂以「雪芹」為號，從此世間便有了曹雪芹和一部眾口紛紛說不盡的《紅樓夢》。

2

黃州。還是黃州。

黃州轄區涵蓋大別山西部。大別山主峰為天堂寨，唐宋時稱雲山，元明改稱多雲山，地勢險要，動植物極為豐富。據地方志記載，元明以前，黃州及周圍地區一直是以山雉為歲貢——能被皇帝看中的多半是好東西，而事實上也是如此。

山雉也稱山雞、野雞，又名七彩錦雞。顧名思義，其羽毛色彩繽紛而華麗，在陽光下呈現出錦緞般的奇異光澤。

山雞不只好看，還好吃。其肉質細嫩鮮美、風味濃郁，蛋白質含量很高，脂肪含量卻很少——簡直就是為今天的瘦身族打造的理想食品！乾隆皇帝愛吃山雞，還寫了一首讚美詩：「名震塞北三千里，味壓江南十二樓。」此詩讓人簡直忘記這是在說雞，還以為不小心闖進了武林大會。皇帝嘛，就是霸氣。

早在乾隆皇帝之前，蘇東坡也在黃州吃到了山雞，並且也寫了一首〈食雉〉。與乾隆皇帝不同，蘇東坡更注重山雞的美感和性情——好鬥的雄山雞拖著孔雀般美麗的長尾：

雄雉曳修尾，驚飛向日斜。
空中紛格鬥，彩羽落如花。
喧呼勇不顧，投網誰復嗟。
百錢得一雙，新味時所佳。
烹煎雜雞鶩，爪距漫槎牙。
誰知化為蜃，海上落飛鴉。

《搜神記》說：「千歲之雉，入海為蜃。」蜃是中國神話中的一種海怪，形似大海龍，傳說就是牠噓出的氣息形成了海市蜃樓。

現實和神話雜糅在一起，這哪是在寫吃雞，完全是一幕幕現代卡通裡的特寫鏡頭。

吃山雞的方法很多，油炸、紅燒、清燉、臘製等，不一而足。但在一千多年前，包括蘇東坡在內的北宋人民，既無緣用上今天的精製碘鹽，也沒有味精和雞精之類的化學調味料，因此當時的美食家，追求的主要是食材的本味。

山雉胸氽湯，便是如此。

其做法是：以半斤至一斤重的山雞，殺畢去毛，削取胸膛肉切成細絲，拌一點蛋清抓勻，再加上芡粉抓勻。此時的山雉肉呈現一種半透明的肉色，粉嫩嬌柔。再取清水一缽，煮沸，投入薑絲、蔥白、白胡椒、冬筍片若干，海鹽數粒，等水再度沸騰後，投入拌好的山雞胸肉絲，用竹筷緩緩攪動，待肉絲熟透迅即起鍋。

山雉胸肉絲汆湯，湯呈乳色，喝湯時要特別注意，湯表層會有一層黃亮的雉油，因此是不會冒熱氣的（所有的雞湯都是如此）。但是非常燙，不可急飲。無疑，此湯帶有一股寬厚樸拙的山野之氣。

這就是後來流傳甚廣的「東坡山雉湯」。

也有人認為，炸山雉塊，用砂鍋大火燉湯，才是東坡春野雞肉的正宗做法。而蘇東坡在詩中說「烹煎雜雞鶩」，這裡的「鶩」指的是山雞，而「雞」則是家雞。也就是說，蘇東坡吃的是將家雞和山雞放在一起燉成的湯。而連吃個羊脊骨都能剔得一乾二淨、氣死狗群的蘇東坡，又怎麼肯把被削去胸肉的山雞隨手丟棄呢？他多半會先用雞胸肉做成山雉湯，剩下的部分與家雞合燉，一點也不浪費。

無獨有偶，在〈書劉景文所藏王子敬帖絕句〉中，蘇東坡再次提到了這種吃法：

家雞野鶩同登俎，春蚓秋蛇總入奩。

君家兩行十二字，氣壓鄴侯三萬籤。

劉景文就是劉季孫，景文為其字。翻閱《蘇東坡全集》，會發現很多詩是贈給劉季孫或與之唱和的。劉季孫的父親是北宋大將劉鈹，所以劉季孫雖然身為文士，卻兼有武將的豪俠氣概，被蘇東坡稱為「慷慨奇士」。劉氏還博通經史，性好異書與古文石刻，與蘇東坡可謂情投意合。

是什麼法書讓蘇東坡一下子聯想到了美味的燉雞？沒錯，就是王獻之那幀著名的〈送梨帖〉。

王獻之送了三百顆梨給友人，並附上一封短函，通篇總共十二個字：「今送梨三百顆。晚雪，殊不能佳。」到底是大家手筆，隨意為之，卻開闔有度、雅致淡逸，深受後世書家追捧。姚麟以十斤羊肉換取蘇東坡一張紙條，王獻之的這十二個字，可就昂貴多了，劉季孫花了一千文錢購得，已是大撿便宜。米芾特別喜歡王獻之的書法，為了得到這幀〈送梨帖〉，他與劉季孫約定，用自己收藏的歐陽詢真跡二帖、王維〈雪圖〉六幅、正透犀帶一條、硯山一枚、玉座珊瑚一枝來交換，可謂不惜血本。劉季孫也同意了。但是蘇東坡的另一位好友、駙馬王詵借走了米芾的硯山，劉季孫又被外任為地方官，他離開京城兩天，王詵才還了硯山，害米芾錯過了與劉季孫交換此帖的機會，只能徒喚奈何。後來劉季孫去世，其子將〈送梨帖〉賣給他人。米芾終與此帖失之交臂，深以為憾，特意在《書史》記上了這麼一筆。

3

當時的黃州太守徐君猷對蘇東坡十分敬重，非常關照，二人很快成了摯友。

這一天大雪紛飛，蘇東坡自己在家烹了牛尾貍下酒，感覺味道美妙，比有名的通印子魚（指體型大到腹中能容納印章的魚）和披綿（形容脂肪豐厚）黃雀的味道更好，於是特地遣人送給徐君猷一隻，並附了一首〈送牛尾貍與徐使君〉：

風捲飛花自入帷，一樽遙想破愁眉。
泥深厭聽雞頭鶻，酒淺欣嘗牛尾貍。
通印子魚猶帶骨，披綿黃雀漫多脂。
殷勤送去煩纖手，為我磨刀削玉肌。

牛尾貍，即白鼻心，但比貓身形稍為細長，尾似牛尾，棲息山中，以食果為主，所以又叫果子貍。果子貍肉極肥美，有異香。

在「泥深厭聽雞頭鶻」句後，蘇東坡作了一個自注：「蜀人謂泥滑滑為雞頭鶻。」「泥滑滑」是什麼呢？——原來就是竹雞。那個時代的山野動物，顯然比二十一世紀豐富許多。

在古代，果子貍是廣受文人士大夫熱烈追捧的山珍野味，包括梅堯臣、曾幾、朱松、宋濂、洪咨夔、虞儔、陸游等人，均有詩文歌詠。蘇轍也寫過一首〈筠州詠牛尾貍〉的長詩，誇讚果子貍「松薪瓦甑烝浮浮，壓入糟盎肥欲流，熊肪羊酪真比儔」。

清初學者鈕琇在《觚賸》「味聖」中宣稱：「味之聖者，有水族之河豚，有林族之荔枝，有山族之玉面貍……玉面貍以果為糧，至秋乃肥，麵裹蒸食，脂凝無滲。」書中以河豚、荔枝、果子貍為味中聖品。而這些「聖品」，蘇東坡非但一一嘗過，且深得其中之味，更兼逐一寫詩讚美，說蘇東坡是「睥睨食林，笑傲江湖」，也不為過。

寫到這裡，忍不住要為這許多迅速消逝的物種以及自己與同時代人不再享有的口福，深深悲悼一分鐘。

魚：生熟之間

1

人生在世，走著走著，身邊的一些朋友就走散了。甚至，不知在什麼時候，雙方的心中已經暗暗生出了嫌隙。

而最糟糕的狀況是，彼此竟然變成了死敵。

對蘇東坡來說，這樣的朋友大可不必多，有一個章惇就夠了。

章惇，字子厚，比蘇東坡年長一歲。嘉祐二年（西元一〇五七年），二十三歲的章惇與姪子章衡與蘇東坡兄弟一併考中進士——順便說一句，那一年的科舉考試，被稱為中國千年科舉史上最閃亮的一章，除二蘇和章惇，這一年在榜上出現的，還有張載、程顥、程頤、曾鞏、曾布、呂惠卿和王韶——有人將他們合稱為「嘉祐十子」。

但這是後來的事情。在嘉祐二年，叔叔章惇的排名尚在姪兒之下。這個心高氣傲的書生轉身離開京城，兩年後捲土重來，再次高中甲科。

一個人氣盛至此，想必發生什麼事情都很正常吧！

蘇東坡到陝西鳳翔府擔任簽判，章惇當時正是商洛令。二人本就見過，此番相談甚歡，常常一起外出遊玩。一次來到陝西的周至，遊覽南山仙遊潭。距潭邊不遠，有一道寬達丈餘的山澗，澗上以一根獨木作橋，通往另一側的萬仞絕壁。章惇頓時來了興致，拉著蘇東坡就要去對面的石壁上題字。蘇東坡雖然膽子也不算小，但讓他冒著生命危險，去演個這樣一齣沒什麼意義的行為藝術，他覺得很不值得。可是章惇不聽他的苦勸，執意走過獨木橋，將一根繩索繫在樹上，搖搖晃晃踩在繩索上，瀟瀟灑灑地在峭壁上題了「章惇蘇軾來遊」幾個大字，然後又如履平地地走過獨木橋，面不改色，回到蘇東坡身旁。

驚魂甫定的蘇東坡拍拍章惇的肩膀：「子厚啊，你將來鐵定能殺人！」

「這是什麼意思？」

「自己的命都不在乎，別人的命當然更不用說了。」

章惇大笑。

蘇東坡基本上堪稱「預言大師」，但此時的他怎會想到，章惇後來欲置之於死地的正是大蘇自己。

後來，治平元年（西元一〇六四年）正月，章惇自商洛離任，與蘇旦、安師孟到了終南山。章惇獨自到鳳翔來探望蘇東坡，兩人又一起遊玩了好幾個地方。章惇遊興未盡，但想到蘇旦和安師孟還在終南山等著自己，不得不與蘇東坡惜別。隨後章惇和蘇旦、安師孟途經渼陂，於蘇旦的莊園裡破冰釣魚。章惇惦記著蘇東坡，派人把釣到的紅鯉魚送到鳳翔。路途雖然有點遠，但送到時，魚還是活的。蘇東坡大喜，馬上下廚烹製，也不顧在座的客人笑話，等不及魚肉煮熟，他就先蘸了魚湯嘗嘗，然後配著魚肉，「香粳飽送如填塹」，一口氣吃了若干碗飯。吃完了，這才想起來該寫首詩答謝好友的美意，於是〈渼陂魚〉誕生了：

霜筠細破為雙掩，中有長魚如臥劍。
紫荇穿腮氣慘淒，紅鱗照坐光磨閃。
攜來雖遠鬣尚動，烹不待熟指先染。
坐客相看為解顏，香粳飽送如填塹。
早歲嘗為荊渚客，黃魚屢食沙頭店。

濱江易採不復珍，盈尺輒棄無乃僭。
自從西征復何有，欲致南烹嗟久欠。
遊口瑣細空自腥，亂骨縱橫動遭砭。
故人遠饋何以報，客俎久空驚忽贍。
東道無辭信使頻，西鄰幸有庖蘿釅。

先寫渼陂魚的樣子，紫荇（ㄒㄧㄥˋ）穿腮、紅鱗照坐；再寫自己的吃相，魚未熟手已動、食香粳如填塹……接不來，蘇東坡想起了自己當年住在長江之畔的情形，那裡的人是何等揮霍——一尺多長的魚竟也隨手扔棄。但自從離開荊楚一帶，鳳翔這邊的魚又小又腥又多刺，想再吃一口那樣鮮美的大魚，就只能徒然興嘆。如今意外收到好友讓人遠道送來的鮮魚，又怎一個「謝」字了得！

渼陂湖在陝西鄠縣（今戶縣）城西，本來名叫「五味陂」，由發源於終南山谷的渼水匯合胡公泉、白沙泉諸水，向北流經錦繡溝後，蓄積成湖。因湖中所產之魚味道極美，故改稱「渼陂」。湖中魚類品種繁多，以鯉魚為代表。好東西當然要由皇帝來享用，加之這裡距長安不遠，所以唐代曾在此特設「渼陂令」，禁止閒雜人等到湖中捕魚。

據說食用渼陂魚可以治療痔瘡，《本草綱目拾遺》裡的「渼陂魚」條目下，就明明確確記載了一句：「鄠縣出魚，味美，可入藥。治痔。」

可惜滄海桑田，元代以後，渼陂湖逐漸廢毀，清代時已成了「稻花漠漠野田平」的大片水田。

2

後來蘇東坡被貶到黃州，章惇此時官至副相，成為「新黨」的重要人物，與蘇東坡政見相左。但兩個人的友情似乎並未受到多少影響。章惇寫信規勸大蘇，而後者則回信說，他到黃州後一直在讀誦佛經，閉門思過。這些信寫得「政治正確」，無論到了誰的手上，也挑不出什麼問題。

有趣的是，在同時寫給李常的信中，蘇東坡卻另有一番話。他說雖然這件事差點讓他丟掉性命，但以後若再遇上對國對民有益的事情，他還是會捨命去做。只是在信的後面，他叮囑李常看信後立即燒毀，以免落入小人之手又滋生禍事。

蘇東坡在黃州四年，神宗皇帝幾次想重新起用他，但皇帝身旁的大臣們沒有共識。

尚書左僕射兼門下侍郎王珪就說，蘇東坡在一首詩中寫到什麼「此心唯有蟄龍知」，明明神宗皇帝正如飛龍在天，他蘇東坡反去讚美「蟄龍」，這是什麼意思?當時章惇在旁，忍不住替蘇東坡辯解說，又不是所有稱「龍」的人都是皇帝。而神宗也贊成章惇的意見，舉出了諸葛亮號稱「臥龍」的例子。退朝後，章惇質問王珪，王珪有些尷尬，搪塞說，是舒亶等人讓他這麼說的。章惇一聽，頓時大怒，也不顧身在朝堂，站在宮殿外面的臺階上大聲斥責：「之唾，亦可食乎！」他們的口水你也吃啊?！

這樣看來，蘇、章二人後來交惡，似乎不僅僅是因為政見不和。有一種說法是，章惇的父親章俞與岳母楊氏私通，生下了章惇。楊氏欲將初生兒溺死，但章俞不忍，將其救出，撫養成人。如果這樣的身世是真的，章惇當然諱莫如深。可是有一次，章惇寫給蘇東坡兩首詩，大蘇的回贈詩中，有一句「方丈仙人出渺茫，高情尤愛水雲鄉」，章惇認為蘇東坡在譏諷他的身世，自此懷恨在心。

時隔千年，這故事的真偽早已無從考據，但蘇東坡說話或作詩時不小心得罪了章惇，的確很有可能。

後來章惇拜相，力主將蘇東坡貶往惠州，之後又貶到海南。同時將蘇轍貶到雷州，還指使下屬，不允許當地的百姓租房給蘇轍，確實有點太趕盡殺絕了。

但是風水輪流轉，元符三年（西元一一〇〇年），哲宗皇帝去世，徽宗即位。因章惇曾經反對嗣立徽宗，他的政敵們隨即翻舊帳，結果章惇被罷相，貶任越州知州，最後貶到了雷州。

而此時的蘇東坡正獲赦北上，章惇的兒子章援是蘇東坡擔任主考官時錄取的進士，擔心蘇東坡重新掌權後對自己父子不利，便寫了一封信給蘇東坡，委婉替父親求情。蘇東坡收到信，立刻回信表明心跡，讓學生放心，並代為向老友致問。

那一刻，不知蘇東坡的心裡，有沒有想起當年那餐美味無比的渼陂魚？

而那時候，他的滿滿一腔喜悅，有多少是因為魚的甘美？又有多少是友情帶來的無限暖意？

3

在黃州，第一眼看見悠悠長江水，蘇東坡馬上想到的不是聖人訓示的「逝者如斯夫」，而是條件反射地口舌生津，聞到了鮮魚湯的誘人香味……慷慨的長江水沒有讓蘇東坡失望，因為產量極豐，黃州的魚類和蝦蟹便宜到幾乎免錢的地步。也因為閒暇無事，他常常與農人漁夫為伍，除了草創出一套燉豬肉的祕笈，還向漁夫們學習更簡便的煮魚法：

子瞻在黃州，好自煮魚。其法：以鮮鯽魚或鯉治斫冷水下入鹽如常法，以菘菜心芼之，仍入渾蔥白數莖，不得攪。半熟，入生薑、蘿蔔汁及酒各少許，三物相等，調勻乃下。臨熟，入橘皮線，乃食之。其珍食者自知，不盡談也。

大致說來做法是這樣：

除去新鮮鯽魚或鯉魚鱗和內臟，用清水漂洗乾淨後，下冷水鍋中，大火煮，加鹽。然後將白菜心和整段蔥白加入，此時不可攪動。至半熟時，均勻投入少量的生薑、蘿蔔絲和酒。微熟時，加入橘皮絲，小火熬至湯汁如乳、香氣四溢之時，即可食用。

民諺說：「冬吃蘿蔔夏吃薑，不勞醫生開藥方。」蘇東坡的魚湯裡既有蘿蔔又有薑，大有冬夏兩便的意思。

到了元豐五年（西元一〇八二年），隨高遵裕西征靈夏無功而還的張舜民，作詩嘲諷「靈州城下千株柳，總被官軍斫作薪」、「白骨似沙沙似雪，將軍休上望鄉臺」（〈西征途中二絕〉），遭轉運判官李察劾奏，被貶到郴州監酒稅。張舜民在離京赴郴州途中，特意繞道黃州來探望蘇東坡。因反感王安石的保甲法和青苗法，張舜民寫了一首〈漁夫〉詩，冷嘲熱諷：

家在來江邊，門前碧水連。
小舟勝養鳥，大罟當耕田。
保甲原無籍，青苗不著錢。
桃源在何處，此地有神仙。

罟（音ㄍㄨˇ）：漁網之意。

這首詩婉轉地說漁夫們不用種田，也就不需要被保甲法和青苗法壓榨，因此才可以生活得像神仙一般自由自在、無憂無慮。這樣的詩，雖然讓人看了心情愉快，但和實際情況沒什麼關係，基本上是在發揮詩人的想像力。

蘇東坡因此也寫了一首〈魚蠻子〉，但筆法風格卻完全是現實主義：

江淮水為田，舟楫為室居。

魚蝦以為糧，不耕自有餘。
異哉魚蠻子，本非左衽徒。
連排入江住，竹瓦三尺廬。
於焉長子孫，戚施且侏儒。
擘水取魴鯉，易如拾諸途。
破釜不著鹽，雪鱗芼青蔬。
一飽便甘寢，何異獺與狙。
人間行路難，踏地出賦租。
不如魚蠻子，駕浪浮空虛。
空虛未可知，會當算舟車。
蠻子叩頭泣，勿語桑大夫。

古時，中原漢人的衣服前襟由左向右掩，稱為右衽。而少數民族為方便騎馬射箭，衣襟為左衽。蘇東坡的意思是，雖然漁夫們並非蠻夷之族，其生活方式卻與普通漢人迥異，他們以魚蝦為糧食，長年住在江中的竹筏上，筏上建起一座三尺高的小屋，上面覆以大竹剖開後去除竹節製成的竹瓦，他們就在其間生兒育女。由於「三尺廬」低矮，只能坐臥，不能直立，他們的子女通常發育不良，就像戚施（蟾蜍的別名）那樣駝背、侏儒那般矮小。幸好他們捕魚，就如同在路上隨手撿拾東西一樣容易。無錢買鹽，他們就用破鍋煮魚和青菜，吃飽了便酣然入睡，這種生活簡直與水獺或猴子之類的小動物無異。可是生活在陸地上的農人們呢，要繳納很重的稅賦，還不如漁夫們的水上生活輕鬆。不過也很難說，看現在的狀況，漁夫們很可能也要被要求繳稅了。

到了最後一句，蘇東坡將矛頭直指推行新法的「王安石們」——桑弘羊（桑大夫）是漢昭帝時的御史大夫，推行鹽鐵專賣政策——看看你們做的好事，讓百姓民不聊生！以詩得禍的蘇東坡，好不容易學會了謹慎發言，但老毛病又犯了。

過了七年，亦即元祐四年（西元一〇八九年），蘇東坡在杭州太守任上，友人仲天貺和王元直自眉山來到杭州，逗留了半年。趕上秦觀之弟秦覯也來造訪，蘇東坡想起在黃州常吃的煮魚，便命人如法炮製，請三人品嘗。仲、王、秦吃罷皆讚不絕口，誇獎說，這道菜可不是尋常的廚師能做出來的啊！聽了這番奉承，蘇東坡非常得意，又寫了一篇〈書煮魚羹〉來表揚自己：

予在東坡，嘗親執槍匕，煮魚羹以設客，客未嘗不稱善，意窮約中易為口腹耳！今出守錢塘，厭水陸之品，今日偶與仲天貺、王元直、秦少章會食，復作此味。客皆云：此羹超然有高韻，非世俗庖人所能彷彿。歲暮寡欲，聚散難常，當時作此，以發一笑也。元祐四年十一月二十九日。

據說蘇東坡挑選鯽魚有個祕訣：盡量選白背鯽魚。他認為鯽魚生在活水之中，背上的鱗片便是淺色的；而生在死水中的鯽魚，背上的鱗片呈深色甚至黑色，這種魚味道不好。而最終做出來的魚湯味道如何，和魚種有很大的關係。

4

那時，蘇東坡也常常乘舟渡江到對岸的武昌（今湖北鄂州）。在那裡品嘗「擘水取魴鯉」中的魴——也就是鯿（ㄅㄧㄢ）魚。因鯿魚長得頭小而脖縮，別名「縮項」、「槎（ㄔㄚˊ）頭鯿」。武昌特產的團頭魴，就是一種鯿魚，亦即有名的武昌魚。

時至今日，我們不知道當時是什麼事情觸動了蘇東坡，讓他一改往日的嬉笑怒罵，寫下這首頗為沉重的〈鯿魚〉詩：

曉日照江水，游魚似玉瓶。
誰言解縮項，貪餌每遭烹。
杜老當年意，臨流憶孟生。
吾今又悲子，輟箸涕縱橫。

蘇東坡在為誰流淚？

盛唐時期有名的山水田園詩人孟浩然，四十歲時遊長安，應進士而不第，終生未能踏入仕途，遂回到老家襄州（今湖北襄樊）隱居，世稱「孟襄陽」。後來他應張九齡之聘，入其幕府，患疽而卒。

隱居中的孟浩然常常在家鄉附近釣魚，如萬山潭、峴山潭、習家池、澗南園等，有時還跑到河南的朋友家，過過釣魚癮。他寫過一首〈峴潭作〉，中有「石潭傍隈隩，沙岸曉夤緣。試垂竹竿釣，果得槎頭鯿」之句——唐代的襄陽，正是盛產槎頭鯿的地方。

隈隩（ㄨㄟ ㄩˋ）：曲折幽深的山中河岸。夤緣（ㄧㄣ ㄩㄢˊ）：攀附上升。

而杜甫呢，客居長安十年，為躋身仕途而四處奔走獻賦，生活窮困潦倒，年幼的小兒子竟活活餓死。直到四十四歲，他才被委任為右衛率府兵曹參軍，做看守兵甲器杖、管理門禁鎖鑰這樣的卑微差事。杜甫當年多次想要退隱，因此每每佇立江邊，就想起他的同鄉孟浩然——雖然出生在河南鞏縣，但杜甫的祖籍也是襄陽。老杜還寫過〈解悶〉詩十二首，第六首詩就與孟浩然釣魚有關：

復憶襄陽孟浩然，清詩句句盡堪傳。
只今耆舊無新語，漫釣槎頭縮頸鯿。

最終杜甫棄官隱居成都草堂，晚年攜家出蜀，病死在湘江途中。杜、孟二人都是優秀的詩人，卻都仕途困頓、結局淒涼。難道——蘇東坡由此聯想到了自己？那麼，他說槎頭鯿因貪餌而遭烹，又是什麼意思？這些令文人士子們無法抵擋誘惑的「餌」，到底是功名利祿，還是實現自身抱負的美夢？或者，兩者兼而有之？

這是很罕見的時刻，蘇東坡展現出心裡的軟弱、猶疑和悲傷。在仕與隱之間，在去與留之間。

5

有誰不知道知名的「蓴鱸之思」？

西晉人張翰，字季鷹，一日見秋風拂起，忽然想到故鄉吳郡的蓴菜羹與鱸魚膾，忍不住說：「人生貴得適意爾，何能羈宦數千里以要名爵！」人生最重要的事情是滿足自己的心願，何必為了名位而跑到千里之外來做官！於是心動不如行動，他立刻棄官還鄉，去品嘗他的蓴菜羹與鱸魚膾，竟因此避開了後來的一場禍患。

吃鱸魚，從此就不再只是吃鱸魚，而成了一種名士的排場。

鱸魚通常生活在水質潔淨、水流湍急的大江之中。讓張翰魂牽夢縈的美味鱸魚，就是吳淞江中的四鰓鱸，歷代人們都承認牠是最美味的鱸魚。用《神仙傳》中的話來說，就是：「淞江出好鱸魚，味異它處。」

張翰並不是第一個喜歡吃淞江鱸魚的名人。《後漢書．方術列傳》就言之鑿鑿地講過一個關於曹操吃鱸魚的故事。說的是廬江人左慈有一次在曹操府上做客，曹操對賓客們說：「今日高會，珍饈略備，所少吳淞江鱸魚耳。」左慈馬上回應：「此可得也。」立刻讓下人準備了一個盛水的銅盆，拿了一支竹竿在盆中垂釣，不久就釣出一條鱸魚。曹操鼓掌大笑，說一條魚也不夠這麼多人吃啊，能不能再來一條？於是左慈又在水盆中釣出一條鱸魚，兩條魚皆長三尺有餘，活蹦亂跳。

難道世間真有這等神通之術？還是說早在兩千年前，就已經有左慈這樣一位技藝高超的魔術師了？

在吳江古縣城東門外的淞江之畔，臨江曾建有一座「三高祠」，祭祀范蠡、張翰和後來在此隱居、愛吃杞菊的陸龜蒙。蘇東坡拜謁三高祠時，寫了〈戲書吳江三賢畫像〉三首詩，其中第二首是寫張翰和鱸魚的故事：

浮世功名食與眠，季鷹真得水中仙。
不須更說知機早，直為鱸魚也自賢。

蘇軾將鱸魚稱為「水中仙」，認為張翰即使不藉鱸魚全身而退由此避免殺身之禍，僅僅只因為喜愛鱸魚這一人間佳品，也可以成為令後世紀念的一代「賢人」。詩人感同身受，對於張翰的文人雅趣欽佩不已。

後來到了黃州，在那篇無人不知的〈後赤壁賦〉中，蘇東坡再次提到淞江鱸魚，說他和朋友們捕了一條魚，長得很像淞江鱸魚：「今者薄暮，舉網得魚，巨口細鱗，狀似淞江之鱸。」

元豐二年（西元一〇七九年）夏日，在「烏臺詩案」爆發之前短暫的平靜中，蘇東坡與朋友們同遊湖州苕溪，遍賞荷塘美景，想念弟弟蘇轍，又起了隱居之念。他在湖上飽食美味，之後又於月色中享受遊湖之趣，寫下了〈泛舟城南，會者五人分韻賦詩，得人皆苦炎字四首〉，第三首說大家在船上大吃特吃非常便宜的螃蟹和鱸魚：

紫蟹鱸魚賤如土，得錢相付何曾數。
碧筩時作象鼻彎，白酒微帶荷心苦。
運肘風生看斫膾，隨刀雪落驚飛縷。
不將醉語作新詩，飽食應慚腹如鼓。

文人們喝酒總是花招百出。比如這樣：取一枝大荷葉，用利物刺穿葉面與葉柄相連的地方，然後拿荷葉盛酒，把葉柄彎成象鼻狀放進嘴裡，所飲的酒味中便滲進了淡淡的荷葉清香，別有一番風味。

應該就是在此後的一二日間，蘇東坡與這幾位朋友——其中包括八十歲娶了十八歲少女為妾、被蘇東坡取笑「一樹梨花壓海棠」的張先（字子野）——由苕溪和霅（ㄓㄚˊ）

溪泛舟到吳興。與他們同行的兩位官妓中，一位姓周，一位姓邵，因為《詩經．國風》中有〈周南〉和〈召南〉二章，所以蘇東坡便戲稱她倆為「二南」，倒也很恰當。〈烏夜啼．寄遠〉記錄了這段歷程：

莫怪歸心甚速，西湖自有蛾眉。若見故人須細說，白髮倍當時。小鄭非常強記，二南依舊能詩。更有鱸魚堪切膾，兒輩莫教知。

有人考證，其中提到的「膾」，就是切得極細極薄的生魚片。《漢書》中也確實有「生肉為膾」的記載，這是唐宋流行的一種吃法，後來傳到日本和韓國。

多麼令人意外，轉了一大圈，生魚片又回到了當年出發的地方。如今食用生魚片成了一種帶有小資意味的時尚，卻很少有人想到，一千年前的古人早已引領風騷。

魚：生死之間

1

其實對蘇東坡來說，吃魚，無論是吃鱸魚還是鯽魚、鯉魚，都與排場無關。身為大宋帝國名列前茅的真正名士之一，蘇東坡似乎天生缺少一點文人常見的那種矯情。具體到吃，他屬於不折不扣的現實派——對於食物，首先是要好吃，其次還是要好吃，至少要能填飽肚子。至於某種食物所代表的偉大意義，那是酒足飯飽後太無聊才去鑽研的問題。

但是人算不如天算，有一次，蘇東坡不得不承認，擺在他面前的一條魚所代表的意義，比吃魚這件事更重要。

在「烏臺詩案」中，蘇東坡下獄，生死未卜。獄中難以及時傳遞消息，因此他早就與負責幫自己送飯的長子蘇邁約定：如果御史臺定了死罪，就送魚過來；平日的飯菜，就不必放魚了。

結果這一天，蘇東坡收到的菜恰恰就是——魚。

魚啊魚，為什麼偏偏是魚？

我們不知道蘇東坡是否仍吃了這條魚，以及會不會吃出什麼不一樣的滋味。既然要死了，還是留個遺言吧。蘇東坡提筆寫了一首絕命詩，託獄卒梁成轉交給弟弟蘇轍：

聖主如天萬物春，小臣愚闇自亡身。
百年未滿先償債，十口無歸更累人。
是處青山可埋骨，他時夜雨獨傷神。
與君今世為兄弟，又結來生未了因。

這麼重要的案犯，帶到外面的東西當然要由典獄長檢查一遍。最後，很可能正如蘇東坡所料，這首詩到了神宗皇帝的手上。

神宗本來也沒打算殺蘇東坡，只不過對他太常亂說話有點不滿。而那條要命的魚，也不是蘇邁送的——蘇邁那天剛好有事，委託親戚幫忙送一次飯。親戚哪知道一條魚有這麼重大的意義，好心反倒引起了一場虛驚。

而這首哀懇慘切卻全無怨言的絕命詩，寫得比後來給章惇的信件還要「政治正確」，正確得簡直就是準備呈給皇上過目的。

果然，一向極為欣賞大蘇文采的神宗皇帝，再次被他的詩句深深打動了。於是神宗一錘定音，打發蘇東坡去黃州做一個不重要的團練副使。

這個有關獄中送魚的故事流傳甚廣，看來似乎也有可能是真的。

而且，它似乎從此奠定了蘇東坡與魚的古怪緣分。

2

經歷過一場吃魚的驚險劇後，不久，到了黃州的蘇東坡再一次證明：身為一位知名的吃貨，為了吃他不怕死。

他寫過一首〈戲作鮰魚一絕〉：

粉紅石首仍無骨，雪白河豚不藥人。
寄語天公與河伯，何妨乞與水精鱗。

翻譯後就是：

鮰魚好啊鮰魚好！

像石首魚（即俗稱的黃魚）那粉紅的肉體，卻沒有那麼多討人厭的魚刺！

像雪白的河豚呢，卻又不會把你毒死。

天公啊河伯啊請聽我說，

這麼好的魚請多多送給咱們！

雖然看起來鮰魚（即長吻鮠）完全可以作為河豚的安全替代品，但是事實證明，對於河豚，蘇東坡仍舊一往情深。由此可見，讚美詩往往只是讚美詩，多半不會影響事情的發展和結局。

而在蘇東坡留給我們的眾多名篇中，有一首〈惠崇春江晚景〉非常有名：

竹外桃花三兩枝，春江水暖鴨先知。

蔞蒿滿地蘆芽短，正是河豚欲上時。

惠崇是宋初「九詩僧」之一，詩畫俱佳，最擅長畫鵝、雁和鷺鷥，尤其以畫寒汀煙渚等水鄉風物著稱，畫意清曠蕭散、簡樸無華，人稱「惠崇小景」。黃庭堅曾經作詩品題惠崇的一幅畫作，其中有「梅影橫斜人不見，鴛鴦相對浴紅衣」之句。王安石也很推崇惠崇的畫，在〈純甫出僧惠崇畫要予作詩〉中盛讚：「畫史紛紛何足數，惠崇晚出吾最許。」可見，惠崇當時在畫壇享譽之盛。可惜不知什麼原因，這位藝術大師的畫作如今已然失傳。

蘇東坡與惠崇並不是同時代的人，當然也沒有見過惠崇本人。他只是在元豐八年（西元一〇八五年）逗留江陰期間，為惠崇所繪的兩幅〈春江晚景〉作了兩首題畫詩。因為其中的這一首實在過於有名，以致惠崇這幅早已消失的名畫，竟然讓後世無數畫家想像力大爆發，紛紛還原出各式各樣的畫面——這也是蘇東坡當年始料未及的吧！

畫作要配詩，這是中國繪畫史上的慣例。但這件事不只是以詩配畫那麼簡單，對題畫詩的要求也很嚴格，包括書法和題寫款式等都很講究。如果詩題得不好，好畫也會因之失色。

從這首詩的字句上看，惠崇的畫中有岸頭青竹、江中戲鴨、稀疏桃花、短密蔞蒿和淺生的幾絲蘆芽，這些當然是實景；而後面的兩句則是畫面上無法表現出來的東西，是觀畫人的心境。與此同時，這寥寥四句詩又讓人聯想到生機勃勃的春天正在脫離冬季的桎梏，萬物漸漸重生。

詩中提到的蔞蒿，就是《詩經》中「呦呦鹿鳴，食野之蒿」的蒿，分為青蒿和白蒿等。與後面提到的蘆葦嫩芽均可以食用。

河豚的學名叫「魨」，《山海經》中叫「赤鮭」。河豚生活在海裡，雖然是魚的一種，卻屬於哺乳動物。每年春江水發，河豚逆江而上，爭相到淡水中產卵。所以每年逢此季節，總是近海處先有捕獲，江南須到二月才能見到河豚。也因為自古以來這種魚類皆產於河中，所以名字中有一個「河」字。而河豚被捕獲出水時，會發出類似豬叫的鳴聲，因而得名。

據說河豚看到異物就會生氣，生氣就會鼓起肚子浮到水面上，所以又叫「嗔魚」——愛生氣的魚。壞脾氣就容易被人利用，有些漁夫就製作了一種既像籬笆又像釘耙的「鐵鬚」，放在河豚常出沒的水域，河豚看見就會生氣地鼓起肚子，浮到水面上，節省漁夫捕撈的力氣。

前面說過，清初學者鈕琇曾把河豚、荔枝和果子貍列為「味中三聖」。河豚肉味如此鮮美，不僅人類垂涎欲滴，水獺和大魚們也都虎視眈眈。偏偏河豚長得身形豐滿，遊速也慢，如果沒有一點防身術，恐怕早就被趕盡吃絕了。河豚的防身術就是在卵巢和肝臟中藏有劇毒，令水獺和大魚望而卻步。

河豚的毒素可以被提取入藥，作為鎮靜、局部麻醉之用，還能降血壓、抗心律失常、緩解痙攣。一克河豚毒素能賣到十七萬美元，是黃金價格的一萬倍。可惜，這麼貴重的東西，吃到肚子裡不僅不會變成金幣，還會置人於死地。

李時珍在《本草綱目》裡也提到河豚的美味，還說河豚的腹部脂膏豐腴、雪白嬌嫩、美味無比，因而被稱為「西施乳」——聽起來真是香豔欲滴。

不過，李時珍同時還提出了一套「食河豚法」，說烹煮河豚之時，切忌煤灰落入鍋中，且不可以與荊、芥、菊花、桔梗、甘草、附子、烏頭等物同食。一旦食用河豚時中毒，可用橄欖、甘蔗、蘆根和糞汁來解毒——前三者倒還說得過去，最後一種未免有點恐怖。但是救命如救火，前三者往往不是唾手可得，只有糞汁家家備有，用來應急最便利。這樣一想，便可見醫聖用心良苦，為吃貨們想得非常周全。

據說北宋有一位名士受邀出席州官的宴請，事先聽說席間有河豚。名士因此特意叮囑家人，萬一他赴宴歸來有什麼不對，那就是中了河豚毒，要盡快解救。交代完畢，名士便悲壯豪邁又滿懷期待地奔赴盛宴去了。結果可能是州官也擔心會吃出人命，席上並沒有河豚，名士於是放心了，大吃大喝一頓，醉醺醺地回到家，倒頭便睡。家人一看不得了，趕緊灌糞湯給他。不知名士酒醒過來，心中作何感想。

為了品嘗美味，人類就是如此前仆後繼。

而身為「食聖」的蘇東坡，面對這等美食，又豈肯不吃。

蘇東坡在常州時，一位朋友家中有擅長烹飪河豚的廚師，特意做了河豚請他吃。香噴噴的河豚肉上桌，朋友的妻兒和廚婦便躲在屏風後面，期待聽到這位名人的讚美之詞。沒想到等來等去，蘇東坡竟一言不發。眾人不禁大失所望。正當此時，只聽蘇東坡長嘆一聲，放下筷子，大聲感嘆：「也值那一死！」

原來，河豚肉實在太好吃，蘇東坡連性命都不要了，而且只有一張嘴，哪有空說客套話啊。

3

蘇東坡的這首〈惠崇春江晚景〉一直備受推崇。而且詩無定解，不僅畫家們在詩中讀到了美景，吃貨們也讀出了種種美味。因此有人讚嘆：太偉大了！寫了四句，句句全是好吃的！竹筍、鴨子、蔞蒿、蘆芽，最後是河豚肉壓軸。

但是也有人說，前兩句寫的是景物，不能吃。竹子和桃花就不用說了，鴨子也是用來欣賞的好嗎？只有後兩句中出現的蔞蒿、蘆芽、河豚才是好吃的——這樣，才前有美景可賞，後有美食可嘗。你怎麼可以一口氣都吃光了？吃貨也不能太誇張！

也有挑這首詩毛病的人。清代康熙年間的知名學者兼詩人毛奇齡，就批評：「春江水暖，定該鴨知，鵝不知耶？」

這也太會挑了。春江水暖，鵝當然也知道，你知我知，天知地知。問題是，這是一首題畫詩，畫上可能根本就沒有鵝啊！

要說這位毛奇齡，也確實是位擅長挑毛病的人。據說他讀朱子，身邊還要放個稻草人當作朱熹本人，看到書中哪一處解得不對，就要對著稻草人訓斥一番。而明清兩代文人推崇唐詩，對宋詩多有不屑，這也是所謂的「時代潮流」吧。

還是歐陽脩在《六一詩話》裡的一段話，有意無意間注解了蘇東坡的這首詩：「河豚常出於春暮，群游水上，食柳絮而肥，南人多與荻芽為羹，云最美。」而「蘇門四學士」之一的張耒，在《明道雜志》中又加了一個注解。他說長江一帶的百姓吃河豚時，「但用蔞蒿、荻筍（即蘆芽）、菘菜三物」烹煮，認為這三樣與河豚最搭。到了李時珍著《本草綱目》時，沒有提到菘菜，而說「宜荻筍、蔞蒿和禿菜」。禿菜又叫羊蹄菜、牛舌菜，大概這些菜與河豚肉一起烹煮，不僅可以增其美味，還能「食之無傷」，有解毒功效吧。

就像動物在漫長的演化中把對各種食物的記憶寫進基因，人類也在代代相承中累積起關於吃的智慧。

身為一位資深吃貨，蘇東坡在他的詩裡，為我們記錄了一個重要的美食密碼。

4

但是，如果你以為面對各種魚，蘇東坡只是擅長煮來吃，那就錯了。

元祐六年（西元一〇九一年）八月，蘇東坡出任潁州知州。這個工作是他拚命爭取來的——此前他在京城做吏部尚書。能夠離開爾虞我詐的汴梁城，蘇東坡心情極好。朝廷在八月十八日發布正式公告，蘇東坡在八月底即離京赴任，閏八月二十二日到達潁州府衙。

此後的十天，有九天都在潁水之畔流連忘返，寫下了那首有名的〈泛潁〉詩，「畫船俯明鏡，笑問汝為誰。忽然生鱗甲，亂我鬚與眉。散為百東坡，頃刻覆在茲」，對著自己在水中的倒影追問「你是誰」，水面上波紋泛起，就好像水中的自己生出了魚類的鱗甲……玩得如此如痴如醉，難怪「吏民笑相語，使君老而痴」，當地官員和百姓都笑他是個老頑童。

但是沒過多久，蘇東坡就沒心情玩了。和十幾年前在密州時的情景相似，到潁州任上不過兩個月，蘇東坡的公帑又花光了。於是大蘇重操舊業，再一次吃起杞菊。

而此時，正值潁州大旱，西湖水位急降，湖東池塘幾近乾涸，整座池中的魚眼看就要擱淺而死——人言「竭澤而漁」，現在不用動手，魚就自己送上門來了——這麼多的魚！

這麼多的魚！可是蘇東坡卻沒有心情吃，只覺得非常心痛。

東池雖將乾涸，但西池裡的水還很深，蘇東坡召集下屬開會，決定做一件大事：把東池的魚搬到西池裡。

新太守一聲令下，吏卒和百姓樂不可支。忙碌了一天後，大家終於把東池中的魚都撈起來放進西池了。蘇東坡現場指揮，一再叮囑大家輕手輕腳，別不小心傷到魚。因為實在太興奮，晚上回到府衙，蘇東坡睡不著，寫了一首〈西湖秋涸，東池魚窘甚，因會客呼網師遷之西池，為一笑之樂。夜歸，被酒不能寐，戲作放魚一首〉：

東池浮萍半黏塊，裂碧跳青出魚背。
西池秋水尚涵空，舞闊搖深吹荇帶。
吾僚有意為遷居，老守縱饞那忍膾。
縱橫爭看銀刀出，瀺灂初驚玉花碎。
但愁網罟損鱗鬣，未信長堤隔濤瀨。
濊濊發發須臾間，圉圉洋洋尋丈外。
安知中無蛟龍種，尚恐或有風雲會。
明年春水漲西湖，好去相忘渺淮海。

瀺灂（ㄔㄢˊ ㄓㄨㄛˊ）：水波起伏激盪的樣子。瀨（ㄌㄞˋ）：急流。濊濊（ㄏㄨㄛˋ ㄏㄨㄛˋ）：撒網入水聲。圉（ㄩˇ）：邊境。

詩中說西湖東池水面上的浮萍因天乾都黏在一起了，水淺到魚背也從青萍間露了出來。好在西池中一汪秋水依然映照天空，和風吹拂著荇菜在又深又闊的水中漂浮。蘇東坡和他的同僚們小心翼翼地為魚搬家，只見魚兒們跳躍著，濺起朵朵水花。大家生怕漁網傷了魚，不信長堤可以阻隔急流，人們飛速地撒網捕魚，聲音傳到了很遠的地方。這些場景，讓蘇東坡不由得想到：獲救的魚中，或許有幼年的蛟龍呢，等到明年春水漲潮，牠們將乘風駕雨飛天而起。

忍住吃貨本色，為魚搬家——好個「老守縱饞那忍膾」的蘇東坡，真不容易啊！

對這次行動，蘇東坡的下屬們是怎麼看的呢？

時任潁州州學教授的陳師道連和了三首〈次韻蘇公西湖徙魚〉，說當時的情景是「大魚泥蟠小魚樂」、「赤手取魚如拾塊」，空手就能抓到魚了，而可憐的小魚們不知大限將至，還鑽來鑽去玩捉迷藏呢。他又誇獎蘇東坡忍著口腹之慾放生魚，「公寧忍口不忍膾」，倒也很貼切，將蘇東坡的好生之德寫出來了。

陳師道自視極高，雖然被後世歸入「蘇門六君子」的行列，但實際上，他一生都不曾拜蘇東坡為師。而且雖說出身官宦之家，但陳師道拙於生計，早年竟不得不將妻女留在岳父家蹭飯吃。陳師道十六歲開始師從曾鞏，當時朝廷以王安石經義之學取士，陳師道不以為然，不肯應試。太學博士正錄舉薦陳師道當學錄，他也推辭不就。而章惇也曾託秦觀致意，讓陳師道去見他，準備加以薦舉，陳師道不肯前往謁見。直到元祐二年（西元一〇八七年），蘇東坡與他人合力推薦陳師道任徐州州學教授，他才接受。兩年後，蘇東坡出任杭州太守，路過南京（今河南商丘），陳師道也沒向長官請假，便跑去為蘇東坡送行。因此番擅離職守，他被劾去職。不久又復職，調任潁州教授。

正是人生何處不相逢，如今二人同在潁州，蘇東坡有意收陳師道為弟子，但陳師道表示自己只認曾鞏這位老師，婉言拒絕了。蘇東坡也不以為忤，仍然詳加指點。儘管陳師道拒絕拜蘇東坡為師，但後來還是受到牽連，被視為蘇軾餘黨，革職還家。

這樣一個人，讓他違心逢迎拍馬，根本不可能。所以，陳師道寫下的這三首和詩，我們也相信他是發自內心的。他感嘆蘇東坡的一腔仁愛之心，同時也表示身為同僚，這件事讓他心生自豪，「與有榮焉」。

實際上，這並不是蘇東坡第一次放生魚，當然也不是最後一次。早在元豐元年（西元一〇七八年）九月，蘇東坡任徐州太守期間，參寥禪師到徐州來探望他。一日，二人在虛白齋中共坐，有熟人送給蘇東坡一條活鯉魚。大蘇不忍心交給廚師，便和參寥禪師一起到城外的百步洪邊，將鯉魚放生。參寥還為此寫了一首詩，其中有這樣的句子：「彼客殷勤贈使君，願向中廚薦醪醴。使君事道不事腹，杞菊終年食甘美。」表揚蘇東坡寧肯餓肚子吃杞菊，也不願將這條肥美的鯉魚做成菜餚。而蘇東坡也和了一首〈次韻潛師放魚〉（參寥法名曇潛，後改為道潛），謙虛地表示，他是受了參寥大師的感化才這樣做的。

到了紹聖三年（西元一〇九六年），蘇東坡被貶惠州期間，為悼念亡妻王閏之，曾與朝雲一起買了很多魚放生。後來到了海南島，蘇東坡更是經常買魚放生，為此不惜變賣珠寶首飾。當地的漁夫都知道此事，捕到魚後常常來找他。這樣一來，買魚的人做了善事，自然很高興。而賣魚的人賺錢又不必殺生，也很高興。這一天，又有漁夫捕到二十一條鯽魚，「求售於東坡居士」，於是蘇東坡拿了一個大木盆，把魚端到江邊放生。

而直到如今，潁州西湖還有一個放生池，正是當年蘇東坡遷魚放生留下的餘澤。

吃魚和放魚，似乎有點矛盾。就像蘇東坡既想為國為民做些有用的事，又渴望歸隱田園的悠遊生活。

而他所能做到的，就是珍惜眼前的一切。他的享樂，是天然的人性；他的善良和仁慈，是發自於內心。

而一個人能夠做到這些，是不是，已經足夠了？

噓！別洩露了海鮮的美味

1

元豐七年（西元一〇八四年）三月三日，在黃州商氏園中，蘇東坡正與朋友們遊玩。一番小酌之後，他睡了一覺，醒來後走出商氏園東門，看到一家雜貨店正在出售大木盆，就買了下來。接著他又晃到何家圃，何家正在增蓋一間廂房，又留他一起喝酒。也是在這一天，蘇東坡吃到了「為甚酥」，好友參寥禪師也在座中。之後他打算回家，看到何家園中有橘子樹，便要了一些樹苗，回去種在雪堂西邊。

這樣的生活，連神仙也會暗暗羨慕的吧！

但僅僅兩天後，神宗皇帝的親筆詔書就到了，下令將蘇東坡的謫居地從黃州遷到汝州，那裡離京師更近，是個富足美麗的好地方。

蘇東坡猶豫了好幾天，最終決定接受皇帝的這份好意。雖然這等於拋下四年多來在黃州苦心經營的農莊，一切從頭開始。

他在黃州結交的一大群士紳和平民趕來為他送行，有十九個人一直送他到慈湖。最後留下三人：陳季常和參寥禪師，還有一位年已百歲的老道士喬同，送他到達九江——長子蘇邁已提前帶著全家人在那裡等候。之後一路上，蘇東坡遊山玩水，同時為自己物色終老之地。最終他選擇了宜興，便上表皇帝，請求允許他一家人在常州居住。

元豐八年（西元一〇八五年）三月，神宗皇帝駕崩，他的母親高太后開始代替孫兒哲宗理政，隨即批准蘇東坡關於常州居住的奏請。一家人高高興興到了宜興，以為可以從此安居樂業了。沒想到，剛到宜興十天，升遷令就來了，調任蘇東坡為登州太守。

五年的貶謫生涯至此宣告結束，全家人都非常興奮，只有蘇東坡不太喜歡這樣的變化。高太后大概也猜到他會因不情願而拖延赴職，特地派武裝衛士從宜興一路護送他到山東。

就這樣，十月十五日，蘇東坡到達了登州（今山東蓬萊）。

登州臨海，各種海產極其豐富。而最具盛名的，當然是鮑魚了。

在登州駝棋島（今長島砣磯島）海邊，蘇東坡觀看漁民捕鮑魚，買下一斛，命人烹製，食用後覺得味美無比，簡直「坐令雕俎生輝光」，連盛鮑魚的盤子都熠熠生輝。於是又買了三百枚乾製品，作為登州的特產送給好友滕達道。

吃了好東西，蘇東坡又要作詩了。於是〈鰒魚行〉由此誕生。須注意的是，在將近一千年前，鮑魚並不叫鮑魚，而叫鰒（ㄈㄨˋ）魚——那時的蘇東坡就對我們今天大名鼎鼎的鮑魚情有獨鍾啦。

漸臺人散長弓射，初啖鰒魚人未識。
西陵衰老繐帳空，肯向北河親饋食。
兩雄一律盜漢家，嗜好亦若肩相差（莽、操皆嗜鰒魚。）

食每對之先太息，不因噎嘔緣瘡痂。
中間霸據關梁隔，一枚何啻千金直。
百年南北鮭菜通，往往殘餘飽臧獲。
東隨海舶號倭螺，異方珍寶來更多。
磨沙瀹沉成大截，剖蚌作脯分餘波。
君不聞蓬萊閣下馳棋島，八月邊風備胡獠。
泊船跋浪黿鼉震，長鑱鏟處崖谷倒。
膳夫善治薦華堂，坐令雕俎生輝光。
肉芝石耳不足數，醋芼魚皮真倚牆。
中都貴人珍此味，糟浥油藏能遠致。
割肥方厭萬錢廚，決眥可醒千日醉。
三韓使者金鼎來，方奩饋送煩輿臺。
遼東太守遠自獻，臨淄掾吏誰為材。
吾生東歸收一斛，包苴未肯鑽華屋。

分送羹材作眼明，卻取細書防老讀。

《漢書．王莽傳》中記載，西元二三年，綠林軍攻入長安，王莽在王揖等人的護衛下逃往漸臺。綠林軍隨即將漸臺團團圍困，而追隨王莽的千餘兵士，持弓弩射向綠林軍。在此期間，王莽「憂懼不能食，但飲酒，啖鰒魚」。

西陵是曹操的墓田。曹操臨終遺令施繐（一種細而稀疏的麻布，古時多用作喪服）帳於銅雀臺上，使宮人歌吹於帳中。至於曹操喜歡吃鰒魚一事，是曹植提到的，他說：「先王喜食鰒魚，臣前以表得徐州臧霸上鰒二百枚，足自供事。」

《南史．劉穆之傳》則記載，一日劉邕（ㄩㄥ）前去造訪孟靈休，孟因患灸瘡，瘡痂掉在床上，劉邕便隨手撿起來吃掉了。孟靈休見狀大驚。劉邕說，他生性就喜歡吃瘡痂，認為其味似鰒魚。

詩中先是說到王莽和曹操都特別喜歡吃鰒魚，並由此想起劉邕為了嘗取鰒魚的滋味，竟然養成吃瘡痂的怪癖。接下來說到南朝時關梁阻隔，淮北地區的鰒魚十分昂貴，到了後來海味可以南北互易，連奴婢都可以吃到鰒魚了。鰒魚經鹽水醃漬，去除外殼和臟器，切成大塊的肉晾乾，便成為珍貴的醃製品了。

淪（ㄩㄝˋ）：浸漬。截（ㄗˋ）：切成的大塊肉。

蓬萊閣下的島嶼盛產鰒魚，當地的漁民冒著風浪，用長鑱（ㄔㄢˊ）在海中的崖礁上鏟採鰒魚，風浪之大讓大海龜和鼉龍（黿鼉ㄩㄢˊ ㄊㄨㄛˊ，傳說中的巨鱉和揚子鱷）都受驚了，而崖礁也隨時可能倒塌，採捕過程十分艱險。但因為有了鰒魚這樣珍貴的海味，連廚房都增光生色。相比之下，酒宴上的肉芒、靈芝、醋芼和魚皮等佳餚，都變得無味了。京城中的達官顯貴們喜歡吃鰒魚，而吳越人士愛吃的糟鰒魚，則便於遠道運輸。像西晉大臣何曾那樣，每天飯食耗費萬錢，仍覺得沒有下箸之處，但他即使喝了傳說中的千日醉酒，看見鰒魚也會瞪大眼睛醒過來！自古以來，鰒魚一直被視為餽贈佳品，所以蘇東坡說自己此番也帶了一斛回來送給友人，因為鰒魚可以養目明睛，老了以後對讀書大有用處——鰒魚殼即為中藥材石決明，古書上又叫它「千里光」，有明目的功效，因此而得名。

〈鰒魚行〉至此結束。為了讚美鰒魚，蘇東坡引經據典，洋洋灑灑，也是醉了。

鰒魚的價格非常昂貴，這與其生長緩慢、產量偏低不無關係。事實上無論是在蘇東坡生活的年代還是今天，鰒魚的身上都沾染著某種富貴的意味。在歷朝歷代一直被作為貢品，呈獻給高高在上的皇帝。

蘇東坡到達登州後僅僅五天，命他進京任職的詔書就又到了。如同一隻行動舒緩的鰒魚，他再一次身不由己地被捲入日夜激盪的巨大漩渦之中。

2

在疑為蘇東坡所作的《艾子雜說》中有一則〈一蟹不如一蟹〉的故事，說艾子到海邊見到一個圓而扁且又多腿的生物，便請教附近的居民，別人告訴他是蝤蛑。沒多久，他又看見另一種動物，外形與之前所見者相似，只是體形略小，人家說這是螃蟹。隨後艾子又看見了與前兩者差不多但體形小很多的動物，得知那叫彭越。艾子因此感嘆：「何一蟹不如一蟹也？」

這則故事據說是諷刺北宋朝廷的宰相們，從才能到品行，一代不如一代。之所以用螃蟹來設喻，是因為這種動物的特點是「橫行」——當然，寓言與詩歌一樣，不同的人完全可以有不同的理解。

但不管怎麼說，蝤蛑是比較大的一種螃蟹，這是無異議的。實際上，牠就是今天我們常見的梭子蟹，據說在機械化捕撈普及之前，這種蟹類大者可以長到長約一尺以上，重達數斤之多。這種蟹的特點是甲殼呈兩頭尖的梭子形，而最後一對足為扁闊狀，形同船槳。受驚時，梭子蟹就會用末足快速拍打水面，藉助海風，在高於海面一尺的地方滑翔——「飛蟹」的名號就是這樣來的。

據《酉陽雜俎》記載，有人捕捉梭子蟹時，手被其左螯夾住，這個人便用嘴去咬，結果又被蟹的右螯夾住了。但書中沒說第二次夾住了捕蟹人的什麼部位，總之竟活生生把人夾死了。可以想見，那必是一隻龐然大物，至少比今天的飛蟹要大很多。

蘇東坡喜歡吃螃蟹，雖然不至於像後世的李漁那樣，把每天特意留下來買螃蟹的錢呼作「買命錢」，但吃蟹的興致只怕並不遜色。而蘇東坡也比李漁幸運，在他生活的年代，自然資源更為豐富，蝦蟹的價格也非常便宜，在黃州時如此，被貶謫黃州之前在湖州做太守時也是如此，所以他與朋友們泛舟遊湖，大吃螃蟹和生魚片，撐得「腹如鼓」。而且，李漁要自己花錢買螃蟹，蘇東坡呢，因為人緣實在太好，經常有人送螃蟹給他。

也是在湖州，常州人丁騭（字公默）就有送蘇東坡螃蟹，且看〈丁公默送蝤蛑〉：

溪邊石蟹小如錢，喜見輪囷赤玉盤。

半殼含黃宜點酒，兩螯斫雪勸加餐。
蠻珍海錯聞名久，怪雨腥風入座寒。
堪笑吳興饞太守，一詩換得兩尖團。

在溪澗石穴中產一種小螃蟹，跟銅錢差不多大，俗稱石蟹。有小小的石蟹作為對比，丁騭送來的蝤蛑更顯肥大。《大觀本草》記載：「赤玉盤，生南海中。其螯最銳，斷物如芟刈，扁而最大，後足闊者為蝤蛑，南人謂之撥棹子。大者如升如盤，小者如盞楪。兩螯如手，異於眾蟹。一如執火，其色赤。」看來，蝤蛑還有一個「赤玉盤」的雅號。接下來打開蝤蛑的背殼，一看到黃澄澄的，酒興就來了；挖出大螯的肉，雪白雪白的，食量就增加了。「海錯」即海物之意，是說海中的生物繁多。而身為「饞太守」的蘇東坡，笑稱自己寫詩用來換螃蟹——母蟹的臍呈半圓形；公蟹的臍是三角形，上部尖銳，所以「尖團」也就成了螃蟹的代稱。

其實，可不只有丁騭送蘇東坡螃蟹。

在秦觀（字少遊）的《淮海集》中，有一首〈以蓴薑法魚糟蟹寄子瞻〉：

鮮鯽經年漬醽醁，團臍紫蟹脂填腹。

後春蓴茁滑如酥，先社薑芽肥勝肉。
鳧卵纍纍何足道，飣餖盤飧亦時欲。
淮南風俗事瓶罌，方法相傳為旨蓄。
魚鱐蜃醢薦籩豆，山蔌溪毛例蒙綠。
輒送行庖當擊鮮，澤居備禮無麇鹿。

說到秦觀詩中提及的「醽醁（ㄌㄧㄥˊ ㄌㄨˋ）」，就不能不感嘆古代食文化的博大精深。

現代人知道白酒、紅酒和啤酒，卻很少有人知道，中國古代還有一種綠酒，也就是醽醁。李時珍在《本草綱目》中是這樣說的：「酒，紅曰堤，綠曰醽，白曰醝。」其中「醽」就是「醽醁」，明代時還是很常見的一種酒。後來，綠酒的釀製方法逐漸失傳。

秦觀是高郵人，高郵的鴨蛋（詩中稱「鳧卵」）很有名。莫非早在北宋時，高郵人就開始經營蛋鴨養殖？「鮮鯽經年漬醽醁」似乎是用綠酒醃漬的鯽魚；「團臍紫蟹脂填腹」中的螃蟹，既然可以寄到遠方，當然不是活蟹，應該就是標題中點明的糟蟹；「淮南風俗事瓶罌，方法相傳為旨蓄」，這兩句說高郵人有製作醃製品的習俗，其方法自古相傳。

魚鱐（ㄙㄨˋ）：魚乾；蜃醢（ㄏㄞˇ）：以蚌蛤類肉製成的醬——也是醃製品。那麼，前面所提的蓴菜和薑芽應該都是醃漬品——難道，今天揚州有名的高郵鹹鴨蛋和醬生薑，竟從北宋一直流傳下來了嗎？

但是，問題來了。

蘇東坡也有一首詩〈揚州以土物寄少遊〉，是這樣說的：

鮮鯽經年祕醽醁，團臍紫蟹脂填腹。
後春蓴茁活如酥，先社薑芽肥勝肉。
鳧子纍纍何足道，點綴盤飧亦時欲。
淮南風俗事瓶罌，方法相傳竟留蓄。
且同千里寄鵝毛，何用孜孜飫麋鹿。

這簡直就是秦觀詩的翻版，只是少了其中的兩句。

那麼到底是誰寄螃蟹給誰呢？誰才是真正的作者呢？

這是中國詩歌史上的謎案之一。

秦觀是貨真價實的高郵人，蘇東坡雖然也做過揚州太守，但時間很短。那麼，有沒有可能，先前蘇東坡收到秦觀寄來的詩和揚州特產，後來他任揚州太守期間，又寄給秦觀鹹鴨蛋和糟蟹，故意稍微改動秦觀的詩，再寄還給秦觀呢？

以蘇東坡的性格來看，這樣的惡作劇不只是可能，簡直是非常有可能。

而秦觀也喜歡吃蟹，就如同黃庭堅喜歡吃筍一樣——在吃這個問題上，蘇東坡特別容易與朋友找到共同語言。

秦觀的〈飲酒四首〉之二為我們描述了蘇東坡的「吃相」：

> 左手持蟹螯，舉觴矚雲漢。
> 天生此神物，為我洗憂患。
> 山川同恍惚，魚鳥共蕭散。
> 客至壺自傾，欲去不得閒。

看來，蘇東坡吃螃蟹，習慣用左手拿蟹螯。那麼右手呢？當然是用來端酒杯兼夾菜啊！

這種左右開弓的場景，在蘇東坡的另一首詩中也可以印證。當時蘇東坡的朋友章楶（字質夫）寫信說要送給他六壺酒，可是蘇東坡左等右等，酒也沒送到。若是別人，也就算了，但蘇東坡不領情。答應的事情怎麼可以不兌現呢？尤其是別人答應送給自己的美酒，萬萬不能賴帳！於是，蘇東坡寫了一首〈章質夫送酒六壺，書至而酒不達，戲作小詩問之〉：

白衣送酒舞淵明，急掃風軒洗破觥。
豈意青州六從事，化為烏有一先生。
空煩左手持新蟹，漫繞東籬嗅落英。
南海使君今北海，定分百榼餉春耕。

收到章楶的信後，一想到馬上就要有好酒喝，蘇東坡高興得大掃除了一番，把酒杯洗得乾乾淨淨。誰想到六壺酒卻變成了著名的烏有先生！左手空舉著新鮮美味的蟹螯，沒有酒，害右手沒事做！現在只好繞著籬笆晃晃，等到花兒都謝了——難道這六壺酒也像黃花一樣「黃」掉了？尾聯中，「南海使君」指章質夫，「北海」指孔融。孔融是漢末文學家、「建安七子」之一，因其曾為北海相，故稱。

榼（ㄎㄜˋ）：古代盛酒的器具。

蘇東坡說，身為南海使君的閣下，就是當今之豪爽好客的孔北海，待到春耕時節，必然會拿出許多美酒送給人們飲用。蘇東坡對章質夫的酒，真是念念不忘呢。

其實章楶早就派人把酒送給蘇東坡了，但是僕人半路上不小心摔碎了酒壺，怕受責罵，回來也就沒有彙報。沒想到碰到蘇東坡這死腦筋的傢伙，一下就穿幫了。章楶找僕人問清楚緣由，忍不住哈哈大笑，又派人送給蘇東坡六壺酒。

因為愛吃螃蟹，凡是與螃蟹有關的故事，蘇東坡都會特別留意。

歐陽脩在《歸田錄》裡，提到一個名叫錢昆的餘杭人，官居少卿。這位錢少卿特別喜歡吃螃蟹，有一次請求外放為官，別人問他想去哪裡，錢昆回答：「但得有螃蟹無通判處則可矣。」

宋代的通判是「通判軍州事」的簡稱。大宋皇帝對地方官不太放心的話，便會委派通判去監州，和唐末用太監監軍的方法差不多。但這樣一來，身為中央委派的官員，通判並不需要服從知州，因而常與知州爭權，使後者處理政務時常遭掣肘。

蘇東坡在杭州任通判時，與當時的杭州太守陳襄交誼深厚。後來他自己當了知州，與通判也相處愉快。但是，他偏偏就寫了下面這首詩——〈金門寺中見李西臺與二錢（惟演、易）唱和四絕，戲用其韻跋之〉其二：

生平賀老慣乘舟，騎馬風前怕打頭。
欲問君王乞符竹，但憂無蟹有監州。

《五代史補》中記載了一個小故事：「吳越王初入朝，上賜以寶馬。馬出禁門，驕行卻退，王謂左右曰：『豈遇打頭風耶？』」是說吳越國歸宋以後，已失去權力和封疆的最後一位國王錢俶，面對未卜前途那種膽顫心驚的複雜心理。

李建中是宋初有名的書法家，世稱「李西臺」。而與他唱和的錢惟演與錢易都是吳越王錢氏的後裔，所以蘇東坡在詩中用的都是錢家的典故。

到了末兩句，蘇東坡又說起歐陽脩在《歸田錄》裡記述的錢昆求官時的擔憂：

什麼是人生中最痛苦的事？

就是沒有螃蟹吃，卻有個像螃蟹一樣喜歡橫行的監州在旁邊，天天找你麻煩——這是蘇東坡所能想像到最悲慘的事情了。

後來到了海南，當地的漁人送給蘇東坡許多蠔（即牡蠣）。蘇東坡很高興，和蘇過剖了許久，得到好幾升牡蠣肉，加上酒一起煮，味道鮮美至極。他又留了些大牡蠣，炙熟後，別有風味，大吃了一頓。這樣的美味和美事，如果不說出來，實在難受。但是跟誰說比較保險呢？蘇東坡就寫了封信給弟弟蘇轍：

己卯冬至前二日，海蠻獻蠔，剖之，得數升，肉與漿入水，與酒並煮，食之甚美，未始有也。又取其大者，炙熟，正爾啖嚼，又益□煮者。海國食□蟹□螺八足魚，豈有獻□？每戒過子慎勿說，恐北方君子聞之，爭欲為東坡所為，求謫海南，分我此美也（注：「□」為原文中缺失的字）。

海南遠離中土，海產豐富，京城中從皇帝到諸臣，皆無緣享受這等口福。所以，蘇東坡經常告誡蘇過千萬不要跟別人說這些，唯恐京城中的那些官員知道了，都仿效蘇東坡，請求貶謫到海南，和蘇東坡爭搶這難得的美味。而蘇轍呢？既然是自家兄弟，還是可以放心。

「問汝平生功業，黃州惠州儋州」，雖然被一貶再貶，越貶越遠，但大蘇官場失意，吃場得意！也正是在黃州、惠州、儋州這三處貶所，蘇東坡抵達了讓後世高山仰止的文學巔峰，也吃到了常人一生中難以想像的種種美味。

如此，已足慰平生。

第四章　水果與茶酒

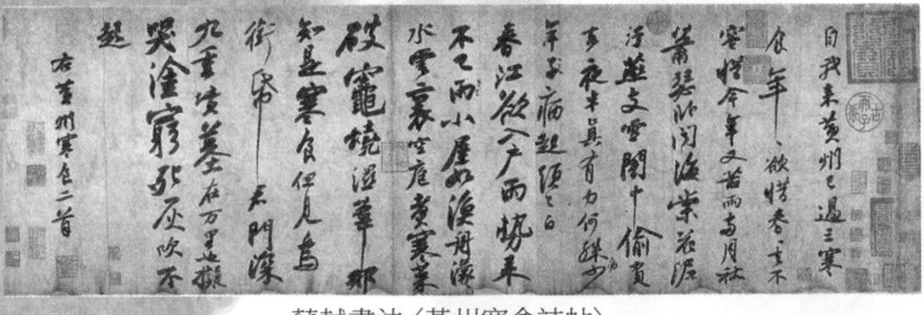

蘇軾書法〈黃州寒食詩帖〉。
詩作表達的是蘇軾在被貶黃州第三年的寒食節
所發的人生之嘆。

因為荔枝

1

紹聖二年（西元一〇九五年）是蘇東坡來到惠州的第二年。他在前一年冬十月到達這裡，剛好錯過了嶺南的一個當令美食——荔枝。在惠州安居下來，六個月後，四月十一日，蘇東坡迎來了生命中一個重要時刻——他第一次吃到剛從枝頭摘下來的新鮮荔枝。

按白居易在〈木蓮荔支圖〉中的說法，荔枝一旦摘下來，一天後就會變色，兩天後香味也變了，三天後連味道都不同，到了四、五日後，色香味便全部消失——荔枝得名也正緣於此。因為需要「離枝」即食方才美味，是以取其諧音。

歷史是旁觀者的歷史。但蘇東坡的美食史，一向是由他自己記錄的，且看〈四月十一日初食荔支〉：

南村諸楊北村盧，白花青葉冬不枯。
垂黃綴紫煙雨裡，特與荔支為先驅。

海山仙人絳羅襦，紅紗中單白玉膚。
不須更待妃子笑，風骨自是傾城姝。
不知天公有意無，遣此尤物生海隅。
雲山得伴松檜老，霜雪自困楂梨粗。
先生洗盞酌桂醑，冰盤薦此赬虯珠。
似聞江鰩斫玉柱，更洗河豚烹腹腴。
我生涉世本為口，一官久已輕蓴鱸。
人間何者非夢幻，南來萬里真良圖。

荔枝豐美清甜的汁液一下子喚醒了蘇東坡沉睡的味蕾，還有那味蕾上沉睡的記憶。
一生中吃過的那麼多美味倏忽來到眼前……這感覺，只有正宗的吃貨才能深深體會——

南村的楊梅啊北村的盧橘，
綠葉中雪白的花朵一直盛開到冬季。
煙雨迷濛，籠罩著這些金黃紫紅的果實，
它們特意趕來當荔枝的嚮導和先驅。

看啊，那美貌的仙子一襲紅衣，姍姍來遲，
單薄的紅紗裡包裹著她潔白的身體。
有必要等待那楊玉環的青睞嗎？
荔枝啊，你已擁有這世間傾城傾國的美麗！
這是不是天公有意垂憐？
讓你這渾然天成的尤物生長在這裡。
雲山高聳，以松樹和檜樹為鄰居，
山楂和梨子卻被霜雪侵擾，味道難免粗鄙。
讓我用新釀的桂花酒斟滿潔淨的酒杯，
雪白的盤子裡盛裝著紅珍珠般的美味。
只有扇貝和河豚的盛宴才能與之匹敵！
細數今生今世，我歷經世事好像就只為了吃，
自從踏入官場，就再也不可能奢談什麼蓴鱸之思。
但是這人間有什麼不是夢幻的呢？

我穿過萬里來到嶺南，這就是上天最好的安排！

寫完這首詩，蘇東坡意猶未盡。荔枝的清香縈繞在唇齒之間，而此前讀過的所有關於荔枝的典故，如浪濤般湧來。想到杜牧在〈過華清宮〉中的名句：「一騎紅塵妃子笑，無人知是荔枝來」；想到漢唐時期民間向宮廷進貢新鮮荔枝和龍眼的情景：十里一置，五里一堠（ㄏㄡˋ），遍設驛站，飛車跨山急如兵火，致使運送荔枝的使者和馬匹前仆後繼，死者枕藉，以「驚塵濺血」的慘痛來博取宮中美人一笑，蘇東坡寫下了〈荔支嘆〉：

十里一置飛塵灰，五里一堠兵火催。
顛坑仆谷相枕藉，知是荔支龍眼來。
飛車跨山鶻橫海，風枝露葉如新採。
宮中美人一破顏，驚塵濺血流千載。
永元荔支來交州，天寶歲貢取之涪。
至今欲食林甫肉，無人舉觴酹伯游。

「永元」是東漢和帝的年號，交州為今天的廣東、廣西和越南北部一帶區域。東漢和帝時，由交州進貢荔枝和龍眼。當時的臨武縣令唐羌（字伯游）為此上書陳狀，和帝遂下詔豁免此役。而唐代天寶年間，楊貴妃嗜食荔枝，由涪陵歲貢，因此唐玄宗時的奸相李林甫令百姓痛恨。可惜的是，唐羌雖然剛正不阿，卻沒有人再祭祀他。蘇東坡接著寫道：

我願天公憐赤子，莫生尤物為瘡痏。
雨順風調百穀登，民不飢寒為上瑞。
君不見武夷溪邊粟粒芽，前丁後蔡相籠加。
爭新買寵各出意，今年鬥品充官茶。
吾君所乏豈此物，致養口體何陋耶？
洛陽相君忠孝家，可憐亦進姚黃花。

痏（ㄨㄟˇ）：瘡傷。

宋真宗時，丁謂曾任參知政事，開始從福建向宮廷進貢茶葉。到了宋仁宗時，蔡襄任福州知州，變本加厲，絞盡腦汁想討皇帝的歡心，而粟粒芽便是武夷茶中的上品。這「前丁後蔡」的做法，很容易讓人聯想到漢唐時進貢荔枝、龍眼的情形，繼而想到貢茶的背後，也難免會帶給百姓類似於「驚塵濺血」的慘痛。至於曾任西京留守的錢惟演，其父吳越王錢俶降宋，宋太宗贊其「以忠孝而保社稷」。姚黃花是牡丹中的名貴品種。洛陽向宋朝宮廷進貢牡丹，正是從錢惟演開始的。

身為臣子，蘇東坡沒有辦法直接指責皇帝，所以只能這樣說：「吾君所乏豈此物，致養口體何陋耶？」皇帝並不缺少這些奢侈品，但身為臣子，如果只是一味用美食去滿足皇帝，那未免過於鄙陋。

這首〈荔支嘆〉透露出蘇東坡對為官之道的看法，顯然，他認為做官就應該將民生放在首位，而非討取上司的歡心。比蘇東坡生年稍晚的朱弁，曾在他的《曲洧舊聞》中說，蘇東坡「性不忍事」，遇有不平，則「如食中有蠅，吐之乃已」。這個坦蕩率真的人，讓他有話忍住不說，那當真是一件再痛苦不過的事。正因為如此，蘇東坡笑稱自己是一肚子的「不合時宜」。

2

在到達惠州之前，蘇東坡其實吃過荔枝。只不過，他吃的是鹽漬和蜜煎的荔枝。

而蘇東坡既然是一肚子不合時宜，所謂物以類聚、人以群分，他的身邊便總有些和他一樣不合時宜的朋友——曾孝廣便是其中的一個。

曾孝廣，字仲錫，比蘇東坡小三歲，是溫陵（今福建泉州）人。蘇東坡遇事是「如食中有蠅，吐之乃已」，曾孝廣也差不多，因此他一生和蘇東坡一樣，官運坎坷，幾經沉浮。

元祐三年（西元一〇八八年），大臣廷議恢復黃河故道一事，哲宗皇帝隨即頒下詔書：「黃河未復故道，終為河北之患。王孝先等所議，黃河水利治理可興不可廢罷，宜接續工料，向去決要回復故道。三省、樞密院速與商議施行。」聖旨都下了，當時身為北外都水丞的曾孝廣卻有不同意見。他認為復故道之舉並非疏導政策，如果強行展開，恐會勞民傷財，得不償失。可惜他官卑言輕，所提的意見不但未得到採納，他還被打發到保州去做通判。

但曾孝廣算是起了個頭。當時深受哲宗皇帝敬重的老臣、時任平章軍國重事的文彥博也說：「河不東，則失中國之險，為契丹之利……」而蘇東坡的另一位朋友、右相范純仁也認為：「蓋天下大勢唯人君所向，郡下競趨如川流山摧，小失其道，非一言一力可回，故居上者不可不謹也，妄測聖意，輕舉大役……」哲宗皇帝的聖詔還沒開始實施，就先碰了釘子，這才知道曾孝廣慧眼獨具，於是又將他官復原職，後來又升其為水部員外郎。

曾孝廣與大儒胡安國是好友。當時胡安國奉詔「舉遺逸」，便推薦了王繪和鄧璋兩位布衣應詔。當時范純仁已被貶往永州，宰相蔡京聽說王、鄧二人是范純仁黨人，便以「推舉賢能不善」，將胡安國罷官。當時的眾臣畏於蔡京權勢，皆敢怒不敢言，曾孝廣卻逕自前往慰問。結果曾孝廣也被治罪奪職，後來又被起任為廣州太守。

元祐八年（西元一〇九三年），哲宗親政後，蘇東坡被貶出京城，以翰林侍讀學士充河北西路安撫使知定州軍事。曾孝廣遂寄給他泉州特產荔枝蜜餞，還有一首贈詩。於是蘇東坡寫了首〈次韻曾仲錫承議食蜜漬生荔支〉答謝：

代北寒虀搗韭萍，奇苞零落似晨星。
逢鹽久已成枯臘，得蜜猶疑是薄刑。
欲就左慈求拄杖，使隨李白跨滄溟。
攀條與立新名字，兒女稱呼恐不經。

這裡有個關於左慈的典故：有一次，左慈遇到了孫策，孫策起了殺心，遂騎馬尾隨在左慈身後。但見左慈拄著一根竹杖在前面行走，孫策無論怎樣縱馬追趕，就是追不上。

在東漢文學家王逸的〈荔支賦〉中，有一句「離離如繁星之著天」，蘇東坡順手拈來，說當北方地區（代北即山西代州以北）用石臼搗韭根、麥苗做菜的時候，荔枝果實已經寥若晨星。用鹽梅漬成的荔枝顯得像枯臘，而蜜煎而成的荔枝又像遭受了輕微的刑罰。吃這美味的蜜餞，就想到新鮮的荔枝，感覺十分鮮美。唉，真希望能像左慈那樣行走如飛，像李白那樣穿越茫茫大海，到達生有荔枝的地方。可是萬一到了那裡，一定會忍不住一邊摘果子，一邊想要為這些鮮美的果實取一些特別的好名字。如果暱稱它們為兒女，這樣會不會被人笑呢？

從詩中來看，曾孝廣贈給蘇東坡的，既有蜜煎荔枝，也有鹽漬荔枝。大概曾孝廣又有和詩寄來，於是蘇東坡又寫了一首〈再和曾仲錫荔支〉：

柳花著水萬浮萍，荔實周天兩歲星。
本自玉肌非鵠浴，至今丹殼似猩刑。
侍郎賦詠窮三峽，妃子煙塵動四溟。

莫遣詩人說功過，且隨香草附騷經。

殼（ㄑㄩㄝˋ）：堅硬的外皮。

古人認為浮萍是柳絮落入水中所變。所以蘇東坡說，柳絮散落到水中，一夜之間就變成了萬點浮萍。而荔枝樹卻生長緩慢，二十四、二十五年才能長成結果（木星又稱「歲星」，公轉週期大約為十二年，「兩歲星」就是二十四年）。再看荔枝鮮紅色的外殼、白玉一般的果肉，看上去就很美。詩中的侍郎指白居易，白居易也曾詠過荔枝詩，其詩句傳誦長江兩岸；妃子自然指楊玉環，楊玉環為嘗鮮果驚動了四海的百姓。蘇東坡最後總結，算了吧，還是別讓詩人再來評說荔枝的功過是非了吧，且讓荔枝隨著詩人的詩篇流傳下去，就像香草伴隨屈原的〈離騷〉而千古傳唱一樣。

無獨有偶，在定州，蘇東坡還吃到了他的學生劉燾贈送的蜜漬荔枝。

劉燾是蘇東坡在元祐三年（西元一〇八八年）擔任主考官時取中的進士。

當然，隨荔枝送來的，同樣還有一首詩。蘇東坡吃了荔枝，也答贈一首〈次韻劉燾撫勾蜜漬荔支〉：

時新滿座聞名字，別久何人記色香。

葉似楊梅蒸霧雨，花如盧橘傲風霜。
每憐蓴菜下鹽豉，肯與葡萄壓酒漿。
回首驚塵捲飛雪，詩情真合與君嘗。

詩中前兩句既點出荔枝需要「離枝即食」，時間稍久就會色香味俱失，又暗指劉燾顧念舊情，不像某些人一心巴結眼前的新貴。至於「葉似楊梅」、「花如盧橘」等，應該都是蘇東坡在前人的記述中得來的認知，因此多少有潦草之嫌。

此時的蘇東坡，對荔枝的真實面貌還僅僅停留在萬千種想像上，他又怎麼會想到，這美味的水果正在遠方等待著他。

3

在惠州，蘇東坡還鬧出了一則笑話。

惠州有一處湖泊，本名「豐湖」。到達惠州三個月後，蘇軾遊豐湖時醉酒，隨手寫下了「夢想平生消未盡，滿林煙月到西湖」，把豐湖寫成了西湖。後來索性將錯就錯，又寫了一些關於「西湖」的詩。

「東坡太糊塗，西湖復西湖」，不僅杭州有西湖，蘇東坡救魚的潁州，也有西湖。「天下西湖三十六」，西湖真是何其多。

而惠州西湖與杭州西湖確實有很多相似之處。兩處湖泊都位於鬧市之中，岸上都有孤山，後來又都建有一座蘇堤——當然，它們都是蘇東坡的傑作。杭州西湖有一座雷峰塔，而惠州西湖則有泗州塔。

蘇東坡這一錯，讓「豐湖」從此改名換姓。南宋的楊萬里就說：「三處西湖一色秋，錢塘潁水與羅浮。」後來祝枝山到惠州永安縣任縣令，也說：「九州之內西湖三，一在杭，一在潁，而一在惠。」本來不是西湖的西湖，竟然因蘇東坡的筆誤，從此在天下三十六湖中名列前三了。

就是在這個西湖上，蘇東坡又吃了一次荔枝，並寫下了〈減字木蘭花．西湖食荔支〉：

閩溪珍獻，過海雲帆來似箭。玉座金盤，不貢奇葩四百年。
輕紅釀白，雅稱佳人纖手擘。骨瘦肌香，恰似當年十八娘。

荔枝核小、果肉香甜，品種無數，但到了蘇東坡的筆下就成了美人，有了「骨瘦肌香」的質感。而荔枝品種「十八娘」是閩王王氏女十八娘最喜歡吃的一種荔枝，時人便以之命名——荔枝便是美人，美人又化身為荔枝。

此時，蘇東坡又想起漢唐時荔枝作為貢品的事情了——在當時，福建已中斷向朝廷進貢荔枝四百多年。

不過，也有人說，這個「西湖」不是惠州的，而是廣州市西由陵湖、鱷湖、平湖、豐湖、南湖組成的「西湖」。到底是哪一個，或許連蘇東坡自己也說不清楚吧？

這首〈減字木蘭花．西湖食荔支〉是蘇東坡關於荔枝的詩詞中非常不起眼的一首。至於最有名的，不用說，就是那首已經為惠州荔枝打了千年免費廣告的〈食荔支〉：

> 羅浮山下四時春，盧橘楊梅次第新。
> 日啖荔支三百顆，不辭長作嶺南人。

〈食荔支〉其實共有兩首，這首詩是其中的第二首。兩首詩前面還有一個小引：

> 惠州太守東堂，祠故相陳文惠公，堂下有公手植荔支一株，郡人謂將軍枝。今風大熟，賞啖之餘，下逮吏卒，其高不可致者，縱猿取之。

陳文惠公即陳堯佐，字希元。當年陳堯佐任惠州太守時，曾手植荔枝一棵於堂前。

荔枝性熱，多食易上火，誰要是一天連吃三百顆荔枝，又沒有別的降火奇招，不知後果如何？據說惠州當地的客家山歌中，有「日啖荔支食莫多」這樣的句子，因此有人猜測，初來乍到的蘇東坡可能是把「食莫多」聽成了「三百顆」——聽起來確實差不多，但意思卻完全相反。但這都是喜歡咬文嚼字的無趣學究探討的問題，既然李白可以「燕山雪花大如席」，為什麼蘇東坡就不可以「日啖荔支三百顆」？

在惠州時，蘇東坡的痔瘡一度發作，十分痛苦，但只吃了芝麻茯苓粉一個月，就開葷吃肉了。在寫給朋友的信中，他說：「近苦痔疾逾旬，今漸安矣，不煩深念。荔支正熟，就林恣食，亦一快也。」唉，當年是寧死也要吃河豚，現在是冒火也要食荔枝啊。

而在遠方一直掛念著他的朋友們，則擔心他沒吃少喝，特意託人捎來了柑橘。蘇東坡非常喜歡柑橘，寫信表示感謝。在誇讚了一番柑橘的美味後，他惋惜因路途遙遠，十顆橘子中有一、兩顆壞掉了。接著，他非常委屈地說：我聽你的勸告只略嘗了一點，沒有多吃。

——嘖嘖，都已經知道柑橘不良品的比例了，還沒有多吃！

有一些詩，蘇東坡只是寫了一、兩句，因種種原因沒有完成。直到千年以後，這些殘句留在他的詩集之中，成為一些小小的、精美的遺憾。其中，就有這樣一句：

荔支已成吾髮白，猶作江南未歸客。

那個一向曠達快樂的蘇東坡，那個在惠州「居三年，泊然無所蒂介，人無賢愚，皆得其歡心」的蘇東坡，寫完這兩句，寫不下去了。

荔枝已熟，而自己呢，白髮蒼蒼，正日漸老去。

那時候，朝雲已經過世。按照她的遺願，蘇東坡將她安葬在西湖孤山棲禪寺旁邊的松林裡。

而他自己，從此就這樣孤單地、一天一天慢慢老下去。

酒啊酒

1

酒量是天生的嗎？

對酒精的熱愛和迷戀是天生的嗎？

這大概是古往今來的癮君子們爭論不休的兩個「天問」吧。

蘇東坡的答案是：酒量，真的是天生的；而愛酒，卻是後天培養出來的。也就是說，一個人愛喝酒，不能以「天生就喜歡」作為理由；至於老天爺分配給每個人的酒量，卻偏偏又是固定的，無論怎樣練習，都沒什麼用。

這個答案真是讓杯中物的擁戴者們沮喪。

再說二十九歲那一年，蘇東坡的鳳翔簽判任期已滿，遂返回京城述職，與他同姓的蘇自之寄給他幾壺酒，還附信說，你不喝酒這件事說起來也滿高尚的，但全世界的人都喜歡喝酒，就你不喜歡喝，以後要怎麼辦？於是蘇東坡回了一首〈謝蘇自之惠酒〉，說明自己不愛喝酒的種種理由。這可以稱作蘇東坡的「不愛喝酒但從此喝酒歌」：

高士例須憐曲糵，此語嘗聞退之說。
我今有說殆不然，曲糵未必高士憐。
醉者墜車莊生言，全酒未若全於天。
達人本自不虧缺，何暇更求全處全。
景山沉迷阮籍傲，畢卓盜竊劉伶顛。
貪狂嗜怪無足取，世俗喜異矜其賢。
杜陵詩客尤可笑，羅列八子參群仙。
流涎露頂置不說，為問底處能逃禪。
我今不飲非不飲，心月皎皎長孤圓。
有時客至亦為酌，琴雖未去聊忘弦。
吾宗先生有真意，百里雙罌遠將寄。
且言不飲固亦高，舉世皆同吾獨異。

不如同異兩俱冥，得鹿亡羊等嬉戲。
決須飲此勿復辭，何用區區較醒醉。

「曲糵（ㄑㄩˊ ㄋㄧㄝˋ）」一詞有三種意思：一是指釀酒用的酒麴；二是代指酒本身；三是指酒稅。而韓愈（字退之）在〈贈崔立之評事〉一詩中，有「高士例須憐曲糵，丈夫終莫生畦畛」之句，斷言世間的高士皆為愛酒者。這當然讓當時還滴酒不沾的蘇東坡大感不忿，於是一口氣引用了十幾個典故，來證明他不喝酒才是對的：

說什麼莊子說喝醉的人從車上摔下來沒有受傷，是因為得力於酒、心中沒有恐懼，但全於酒還不如全於天，我天生不愛喝酒，順天而行，不是最好的事情嗎？至於徐邈（字景山）違令喝酒，阮籍醉臥六十天不醒，畢卓身為吏部郎偷酒喝，卻被吏卒抓到，劉伶愛酒不要命，這些都是怪人，我為什麼要向他們學習啊？就因為他們愛喝酒而認為他們是賢達之人嗎——這根本沒有邏輯。杜甫當年作〈飲中八仙歌〉，把當時長安城中的八個醉鬼稱作「八仙」，這也太搞笑了吧？至於汝陽王李璡（ㄐㄧㄣˋ）在路上遇到運酒的車子就忍不住流長長的口水，丟不丟臉啊？蘇晉則貪杯不守法戒，經常逃禪喝酒，這是什麼好事嗎？而蘇東坡我呢，就像陶淵明不會彈琴，即使撫的是一張沒有弦的空琴，卻自有樂律在心中悠悠奏響。我雖然不會喝酒，卻也能了解酒中趣味。不過你既然這樣勸我，那我就像《列子．周穆王》中記載的那位獵到鹿卻當成是做夢的人一樣，就把喝酒也當成一場遊戲，不去管是醉還是醒吧！

於是，大蘇開始喝酒了。

只是，蘇東坡沒有想到，這一喝不要緊，從此他也成為被自己鄙夷的蘇晉之流了。

十五年後，在黃州，蘇東坡與時任監黃州酒稅的樂京往來甚密，樂京也經常送蘇東坡酒。這一天，蘇東坡步樂京贈酒詩之韻，和了一首〈次韻樂著作送酒〉，透露了他從小不喜喝酒的祕密：

少年多病怯杯觴，老去方知此味長。
萬斛羇愁都似雪，一壺春酒若為湯。

原來是年少時多病，不能喝酒，難怪如此。但經歷世事艱難，他早已知酒中真味，一壺春酒可化解多少愁緒，那麼，還是與酒親密相處吧。

2

蘇東坡並不是在黃州時才喜歡上喝酒的。早在擔任密州太守時，當時的密州州學教授趙明叔，家貧而嗜酒，且每飲必醉。不過他也不挑剔酒的優劣。他的口頭禪是：「薄薄酒，勝茶湯；醜醜婦，勝空房。」蘇東坡聽了，覺得這話雖然俚俗，卻也有道理，於是將之擴寫成〈薄薄酒二章〉，其中第一首是這樣：

薄薄酒，勝茶湯；
粗粗布，勝無裳；
醜妻惡妾勝空房。
五更待漏靴滿霜，不如三伏日高睡足北窗涼。
珠襦玉柙萬人相送歸北邙，不如懸鶉百結獨坐負朝陽。
生前富貴，死後文章，百年瞬息萬世忙。
夷齊盜蹠俱亡羊，不如眼前一醉是非憂樂都兩忘。

襦（ㄖㄨˊ）：短衣。鶉（ㄔㄨㄣˊ）：比喻衣服破爛。邙（ㄇㄤˊ）：即北邙山。漢魏以來，帝王公卿多葬於此。蹠（ㄓˊ）：大盜之名。

顯然，自從喝了蘇自之送的酒，只不過一、兩年，蘇東坡就成了一個很解酒中三昧的飲家了。他很認可趙明叔的看法，即使是味道稀薄的劣酒，也沒什麼不好。就像夜裡寒涼，靴子裡都結滿了霜，還不如夏天在北窗納涼舒服地睡一覺；就像身著金縷玉衣的帝王被萬人相送歸墓葬，還不如穿著破爛衣服的農夫晒太陽那樣快樂。而無論是留下清白之名的伯夷、叔齊兄弟餓死在首陽山，還是春秋末年的大盜蹠死在東陵之上，他們的歸宿都一樣。

蘇東坡不僅這樣說，也這樣做，可謂言行一致。什麼好酒壞酒，他都照喝不誤，就算是潘大臨釀的又酸又稀的「錯著水」，他也喝得津津有味，全家春遊還不忘帶上一葫蘆。用蘇東坡自己的話說，這就是「飲酒但飲溼」——別管味道如何，只要是液體就行啦。

當年蘇東坡初入黃州境內時，在岐亭巧遇陳季常，到四年後離開黃州赴汝州，他共寫給陳季常五首詩，合為〈岐亭五首〉，第四首是在到黃州第三年時寫下的。此時的蘇東坡已經是個夜深饞酒饞到要跳牆的酒蟲了：

酸酒如齏湯，甜酒如蜜汁。

三年黃州城，飲酒但飲溼。
我如更揀擇，一醉豈易得。
幾思壓茅柴，禁網日夜急。
西鄰椎甕盎，醉倒豬與鴨。
君家大如掌，破屋無遮冪。
何從得此酒，冷面妒君赤。
定應好事人，千石供李白。
為君三日醉，蓬髮不暇幘。
夜深欲逾垣，臥想春甕泣。
君奴亦笑我，鬢齒行禿缺。
三年已四至，歲歲遭惡客。
人生幾兩屐，莫厭頻來集。

這首詩中所提及的「齏湯」似乎並不是普通的菜切碎做成的湯，而是一種由烏梅肉、陳皮、人參、五味子、桔梗、杏仁等煎製而成的一味中藥。

冪（ㄇㄧˋ）：覆蓋。幘（ㄗㄜˊ）：頭巾。垣（ㄩㄢˊ）：牆。

酸酒呀味如齏湯，甜酒呀就像蜜汁。

在黃州住了三年，我喝酒只要求是液體就夠了。

我如果一定要挑三揀四，哪還有機會醺然醉去？

但是那壓茅柴酒，一直牽動著我的相思，只恨禁酒的風聲越來越緊！

西邊鄰居的私釀酒罈被砸碎了，醺倒了他家的肥豬和鴨子。

但你們家才這麼大，這間破屋連酒甕也沒地方藏。

去哪裡才能淘弄這樣的好酒？看見別人臉色酡紅，我忍不住心生妒意。

一定有些愛管閒事的人，把無數美酒送去給李白暢飲。

酒啊酒，我只想為你醉上三日三夜，蓬頭亂髮又有什麼關係！

深夜裡我恨不得翻牆出去，卻只能躺在那裡翻來覆去，想著熟透的酒正在甕中哭泣。

連你們家的奴婢也笑我，說我想喝酒想到鬢禿齒豁。

三年中我就來了四次，歲歲年年，你家都要招待我這個糟糕的來客。

但是想想人生有多麼短暫，請別厭憎我如此頻繁拜訪。

詩中讓蘇東坡念念在茲而求之不得的「壓茅柴」，是當時黃州人用穀物釀造的一種白酒，因酒精度數較低，酒性平和，不醉人，不暈頭，「飲之一熱便過，劇熄如壓茅柴」，因此得名。但是當時酒是官方專賣品，嚴禁私酒販賣，讓蘇東坡徒喚奈何。直到即將離開黃州，蘇東坡才得償夙願，圓了他的「壓茅柴之夢」。

後來，「蘇門四學士」之一的張耒也到了黃州，並在那裡生活了八年。當然，他也喝到了壓茅柴酒，稱讚說：「黃州壓茅柴可亞瓊液，適有佳匠也。」

蘇東坡這麼嗜酒如命，連賢惠的王閏之也看不下去了。遭到夫人幾次警告後，蘇東坡覺得有必要收斂一下，元豐六年（西元一〇八三年）八月二十七日，他寫下了一份題為〈節飲食說〉的保證書：

東坡居士自今日以往，早晚飲食，不過一爵一肉。有尊客盛饌，則三之，可損不可增。有召我者，預以此告之，主人不從而過是，乃止。一曰安分以養福。二曰寬胃以養氣。三曰省費以養財。元豐六年八月二十七日書。

該保證書的意思是：我從今以後，早晚都不會超過一杯酒和一份肉菜。在家中招待貴客時，也就三杯酒三份肉菜，只能少不能多。如果有人請我吃飯，就會先告訴他這條規則，他若是不同意我就堅決不去。這樣做有很多好處，一可以安分養福，二可以寬胃養氣，三可以省錢蓄財。

他還在東坡雪堂的牆壁上寫下了三十二字警句：

出輿入輦，蹶痿之機；
洞房清宮，寒熱之媒；
皓齒蛾眉，伐性之斧；
甘脆肥濃，腐腸之藥。

這是蘇東坡的「四不」準則：

一不要出門就乘車坐轎，這樣容易生病；
二不要天天窩在家裡當宅男，這樣也很容易感冒；
三不要貪戀女色，否則會傷害自己的身體；
四不要貪吃油膩的食物，這樣對腸胃沒有好處！

這「四不」準則還很符合我們今天提倡的養生法呢！但是，戒車、戒宅、戒色、戒葷……嗯？好像又忘了戒酒啦！

3

蘇東坡不僅不戒酒，還寫了一篇〈濁醪有妙理賦〉。而既然喝酒有理，他不僅自己喝酒，還「得寸進尺」，開始勸別人喝酒了。

在潁州當太守時，蘇東坡與歐陽脩的兩個兒子歐陽棐（ㄈㄟˇ，字叔弼）和歐陽辯（字季默）來往甚多。剛到那裡的時候，他聽歐陽棐說陳師道（字履常）不喝酒，所以很久不寫詩了，於是以自己的經歷為例，寫了〈叔弼云履常不飲，故不作詩，勸履常飲〉，勸陳師道要多喝酒：

我本畏酒人，臨觴未嘗訴。
平生坐詩窮，得句忍不吐。
吐酒茹好詩，肝胃生滓汙。
用此較得喪，天豈不足付。

吾儕非二物，歲月誰與度。
悄然得長愁，為計已大誤。
二歐非無詩，恨子不飲故。
強為釂一酌，將非作愁具。
成言如皎日，援筆當自賦。
他年五君詠，山王一時數。

釂（ㄐㄧㄠˋ）：飲酒乾杯。

蘇東坡說，自己本來不能喝酒，這一生還因詩受累，但如果戒了酒，好詩句被硬生生吞下去了，那肝和胃怎麼受得了！像我們這樣的人，假如沒有詩和酒做伴，這一生要怎麼過？如今你戒酒戒詩，那可是大錯特錯。我勸你還是喝酒吧，千萬別因為戒酒讓自己變「杯具」！來來來，今天我對天發誓，喝了我的這杯酒，你馬上就能提筆作詩了！將來我們再寫一部〈五君詠〉，才不會像顏延之那麼小氣，我們要把被他排擠的山濤和王戎也加進來！

看樣子，蘇東坡已事先寫好了這首勸酒詩，又備下酒菜請來陳師道，把詩和酒擺在人家面前，苦口婆心地勸告一番。而從後來蘇東坡為東湖的魚搬家，陳師道一口氣寫了三首和詩來看，蘇東坡的勸酒計畫相當成功——陳師道不僅重新開始寫詩，還詩如泉湧。

所以蘇東坡言之鑿鑿地說，酒是「應呼釣詩鉤，亦號掃愁帚」——酒，既能釣來作詩的靈感，又能消除煩愁，何樂而不喝哉！

沒錯，當我們仔細回顧一番蘇東坡的那些詩、書、畫中的得意之作，就會驚訝地發現，他當時的形象，要麼就是一手執杯，一手執筆；要麼就是剛放下酒杯，便又舞文弄墨。我們且來看看那些作詩現場——

熙寧九年（西元一〇七六年）的中秋之夜，蘇東坡在自己修建的密州的超然臺上宴客，不覺大醉。逢佳節，倍思親，在歡飲之中，他想起已經闊別五年的弟弟蘇轍，靈感迸發，揮筆寫下了那首傳唱千年的〈水調歌頭〉：

明月幾時有？把酒問青天。不知天上宮闕，今夕是何年。我欲乘風歸去，又恐瓊樓玉宇，高處不勝寒。起舞弄清影，何似在人間！

轉朱閣，低綺戶，照無眠。不應有恨，何事長向別時圓？人有悲歡離合，月有陰晴圓缺，此事古難全。但願人長久，千里共嬋娟。

此詞一出，如同一輪熠熠生輝的明月，世間所有詠唱中秋的詩詞都黯然失色！

而〈前赤壁賦〉又是怎樣的情景呢？

元豐五年（西元一〇八二年）七月十六日傍晚，在黃州，蘇東坡與友人楊世昌泛舟赤壁之下，擺酒小酌——

……

於是飲酒樂甚，扣舷而歌之。歌曰：「桂棹兮蘭槳，擊空明兮溯流光。渺渺兮於懷，望美人兮天一方。」客有吹洞簫者，倚歌而和之，其聲嗚嗚然：如怨如慕，如泣如訴；餘音裊裊，不絕如縷；舞幽壑之潛蛟，泣孤舟之嫠婦。

……

客喜而笑，洗盞更酌，餚核既盡，杯盤狼藉。相與枕藉乎舟中，不知東方之既白。

三個月後，十月十五日，蘇東坡又與友人從雪堂出來，前往他剛到黃州時住過的臨皋亭。此時蘇東坡酒興大發，跑回家中拿了一罈酒，三個人帶著酒菜，又來遊赤壁——

是歲十月之望，步自雪堂，將歸於臨皋。二客從予過黃泥之坂。霜露既降，木葉盡脫，人影在地，仰見明月，顧而樂之，行歌相答。已而嘆曰：「有客無酒，有酒無餚，月白風清，如此良夜何！」客曰：「今者薄暮，舉網得魚，巨口細鱗，狀如淞江之鱸。顧安所得酒乎？」歸而謀諸婦。婦曰：「我有斗酒，藏之久矣，以待子不時之需。」於是攜酒與魚，復遊於赤壁之下。

……

看吧！沒有酒，又怎麼會有這兩篇光耀古今的前後〈赤壁賦〉？

在〈書東皋子傳後〉中，蘇東坡這樣論證自己與酒的關係：「予飲酒終日，不過五合，天下之不能飲，無在予下者，然喜人飲酒，見客舉杯徐引，則余胸中為之浩浩焉，落落焉，酣適之味，乃過於客，閒居未嘗一日無客，客至則未嘗不置酒，天下之好飲，亦無在予上者。」可謂醉翁之意不在酒，在乎看朋友們喝而自醉焉。

黃庭堅曾為蘇東坡的畫作題詩：「東坡老人翰林公，醉時吐出胸中墨。」而蘇東坡自己則說：「吾酒後乘興作數十字，覺氣拂拂從十指中出也。」

就這樣，才有了那幀著名的〈黃州寒食帖〉。

酒啊酒，就這樣貫穿蘇東坡的生命和詩文書畫之中，像一截充滿電流的鎢絲，灼熱地閃爍。

4

在黃州時，找蘇東坡求書求畫的人絡繹不絕。人人都知道此公好酒，投其所好者自然不少。而蘇東坡也來者不拒，命人將酒通通倒在一個大甕裡，戲稱為「雪堂義樽」——不知這算不算世界上最早的「雞尾酒」？

數年後，元祐二年（西元一〇八七年）十二月，蘇東坡在京城翰林學士知制誥任上，他的好友駙馬都尉王詵（字晉卿）送給他十幾種好墨，大蘇把它們雜在一起研成墨汁，忽然想起在黃州時的情景，於是寫了一篇〈書雪堂義墨〉的小品文：

駙馬都尉王晉卿致墨二十六丸，凡十餘品。雜研之，作數十字，以觀其色之深淺，若果佳，當擣和為一品，亦當為佳墨。予昔在黃州，鄰近四五郡皆送酒，予合置一器中，謂之「雪堂義樽」。今又當為「雪堂義墨」也耶？

據宋代洪邁在《容齋隨筆》中的解釋，所謂「義」，是指「合眾物為之」的意思。但如果按今天的解釋：「義」乃情意，反倒更為貼切——這可真是眾人對大蘇的愛心奉獻啊。

習慣了寫字、畫畫換酒喝的日子，後來到了潁州，下屬趙令時跟蘇東坡求寫幾個字，於是身為長官的蘇東坡毫不猶豫地「敲詐」了對方一壺酒作為「潤筆」，且看〈趙景貺以詩求東齋榜銘，昨日聞都下寄酒來，戲和〉：

王孫天麒麟，眸子奧而澈。
囊空學愈富，屋陋人更傑。
我老書益放，筆落座爭掣。
欲求東齋銘，要飲西湖雪。
長瓶分未到，小硯乾欲裂。
不似淳于髡，一石要燭滅。

趙令時是宋太祖趙匡胤的次子燕王趙德昭的玄孫，初字景貺。蘇東坡在潁州任太守時，趙令時以承議郎任潁州簽判。蘇東坡覺得他吏事通敏、文采俊麗，便建議他改字

「德麟」——有德行的麒麟之意。後來大蘇遷任揚州太守，又把趙令時調到揚州，並向朝廷舉薦，趙令時因此得授光祿丞。不想，後來趙令時也作為蘇黨受到牽連，被廢黜十年。這卻是蘇東坡萬萬料想不及的。

當時趙令時的叔叔安定郡王趙世準用洞庭山上產的柑橘釀酒，名之為「洞庭春色」，寄了一些給姪子趙令時。蘇東坡得知消息，便藉著人家找他求字的機會，要求分一杯羹。

寶劍贈英雄，佳釀饋詩翁。趙令時欣然送酒來，與蘇東坡分享。品嘗過這色香味俱佳的柑橘酒，蘇東坡快樂地寫了一首〈洞庭春色並引〉：

安定郡王以黃柑釀酒，謂之洞庭春色，色香味三絕，以餉其猶子德麟。德麟以飲餘，為作此詩。醉後信筆，頗有沓拖風氣。

二年洞庭秋，香霧長噀手。
今年洞庭春，玉色疑非酒。
賢王文字飲，醉筆蛟蛇走。
既醉念君醒，遠餉為我壽。

瓶開香浮座，盞凸光照牖。
方傾安仁醽，莫遣公遠嗅。（明皇食柑，凡千餘枚，皆缺一瓣，問進柑使者，云中途嘗有道士嗅之。蓋羅公遠也。）
要當立名字，未可問升斗。
應呼釣詩鈎，亦號掃愁帚。
君知蒲萄惡，止是嫫姆黝。
須君灩海杯，澆我談天口。
噀（ㄒㄩㄣˋ）：含在口中噴出。牖（ㄧㄡˇ）：窗戶。嫫姆：傳說中黃帝的妃子，貌醜而賢。

因為酒是安定郡王釀的，所以蘇東坡這首詩的傾訴對象是這位遠方的郡王：
當年吃過洞庭山上的美柑，芳香的氣息沾滿我的手掌！
如今又喝到洞庭春色酒漿，碧玉般的顏色簡直不像酒的模樣！
賢王啊，喝了您的酒，我筆下的文字就像龍蛇飛舞。
從迷醉中醒來，我在遠方為您祝福。

酒香瀰漫，將酒倒入酒杯，酒波如鏡面，光耀窗楣。

現在我剛倒出洞庭春色酒，可千萬別讓羅公遠來嗅（當年唐明皇的幾千枚柑橘都少了一瓣，只因為半路上被這老道士聞了聞）！

我們應該先替這美酒樹立名聲，先別管它還剩下幾斗。

應該叫它「釣詩鉤」呢，還是「掃愁帚」？

如果拿葡萄作酒名，未免落入俗套；呼之嫫姆呢，又太黑太醜。

算了吧，我要借一個跟海一樣大的酒杯，來澆一澆我這愛說話的嘴……

哪有那麼大的酒杯？沒辦法，關於這「洞庭春色酒」，蘇東坡的嘮叨還遠遠沒有結束……

釀酒祕笈

1

因為之前寫下的〈洞庭春色並引〉僅僅是抒發一些泛泛之想，蘇東坡覺得意猶未盡。於是緊接著，他又寫了一篇〈洞庭春色賦〉：

吾聞橘中之樂，不減商山。
豈霜餘之不食，而四老人者遊戲於其間。
悟此世之泡幻，藏千里於一斑；
舉棗葉之有餘，納芥子其何艱；
宜賢王之達觀，寄逸想於人寰。

《玄怪錄》記載了一個「橘中之樂」的故事。有個巴邛人在自己的橘園中發現了兩顆特別大的橘子，剝開一看，每個橘子裡都有兩位白髮紅顏的老人嬉戲其間。見被俗人發現，四老隨即從袖中抽出一節草根化為飛龍，四人乘龍高飛遠去。而秦末漢初，有四位有名的學者不願出仕，長期隱居在商山，後出山輔佐高祖太子時，都已八十歲高齡，鬚髮皆白，被尊為「商山四皓」。

人生是如此虛幻，世界之大，縱然廣闊千里，也可隱藏在一個小小的斑點之中；既然一粒芥子中可以容納下一整座須彌山，何況如棗葉之巨，更是綽綽有餘。

裊裊兮春風，泛天宇兮清閒。
吹洞庭之白浪，漲北渚之蒼灣。
攜佳人而往遊，勒霧鬢與風鬟；
命黃頭之千奴，卷震澤而與俱還；
糅以二米之禾，藉以三脊之菅。
忽雲蒸而冰解，旋珠零而涕潸。
翠勺銀罌，紫絡青綸，
隨屬車之鴟夷，款木門之銅鐶，
分帝觴之餘瀝，幸公子之破慳。

蘇東坡開始想像安定郡王攜佳人前往洞庭山採橘，並命令雲霧和大風馬上消失。命年輕的僕人們把太湖岸邊的橘子全採回來，混雜小米、黃米之類的穀物，上面覆蓋上三脊茅草，中間放入酒麴，開始發酵釀酒。到了蒸酒的時候，一滴滴香醇無比的洞庭春色酒流淌出來，以翡翠之勺舀之，盛進銀質的酒器。就這樣，那輛載著美酒的馬車，來到蘇東坡的家門口了。

我洗盞而起嘗，散腰足之痺頑，
盡三江於一吸，吞魚龍之神奸，
醉夢紛紜，始如髽蠻。
鼓包山之桂楫，扣林屋之瓊關；
臥松風之瑟縮，揭春溜之淙潺；
追范蠡於渺茫，弔夫差之惸鰥；
屬此觴於西子，洗亡國之愁顏；
驚羅襪之塵飛，失舞袖之弓彎。
覺而賦之，以授公子曰：
烏乎噫嘻：吾言誇矣，公子其為我刪之。

喝了這美味的洞庭春色酒，蘇東坡多年的腰瘦腿痛都好了，他一口氣吸盡三江五湖，把魚龍也吞下了肚，整個人喝得醉醺醺的，怪異的夢境紛紜而來，就像髦蠻（指當時的西方少數民族）人一樣狂誕——

在夢中，他舉起太湖中包山的桂樹製成的槳，去敲響樹林中仙人所居住的瓊樓玉宇；醉臥在松林之中，看著靈動的春水潺潺流去；追趕在渺茫太湖中瀟灑離去的范蠡的背影，憑弔那孤獨（惸：ㄑㄩㄥˊ，沒有兄弟的人；鰥：音ㄍㄨㄢ，無妻或喪妻的男人）的吳王夫差；然後，與西施舉杯共飲，洗去她臉上的愁顏；又驚見洛神羅襪塵飛，恍惚之間，那揮灑如虹的舞袖轉瞬消失不見。

當然，這首詩中所記述的洞庭春色酒的釀製過程，是蘇東坡根據已往釀酒經驗發揮的想像，倒也唯妙唯肖，足以亂真。

兩年後，蘇東坡釀了一種「中山松醪」，便又寫了一篇〈中山松醪賦〉。此酒在釀製過程中，要投入松香，「收薄用於桑榆，製中山之松醪」，松醪即用松脂或松花釀製的酒；此酒是穀物釀製，「與黍麥而皆熟，沸春聲之嘈嘈」；此酒的味道是甜中透出松香的微苦氣息，「味甘餘而小苦，嘆幽姿之獨高」。

後來蘇東坡被貶往惠州，途經襄邑（今河南睢縣）時，遇大雨被阻，遂書〈洞庭春色賦〉與〈中山松醪賦〉遣懷。自題云：「紹聖元年閏四月廿一日將適嶺表，遇大雨，留襄邑，書此。」與〈黃州寒食帖〉一樣，這幀書帖成為蘇東坡書法中的傳世之作。明代的書畫鑑藏家王世貞甚至認為它是蘇東坡書法中最好的作品。

2

翻閱蘇東坡在黃州時的詩文，有個人的身影尤為醒目。他就是那個在〈前赤壁賦〉中吹洞簫的客人。到了〈後赤壁賦〉中，他很可能又化身為結尾處羽衣翩躚亦真亦幻的神祕道士——楊世昌。

元豐五年（西元一〇八二年）四月，西蜀道士楊世昌從綿竹武都山趕來探望蘇東坡。其人「善畫山水，能鼓琴，曉星曆骨色及作軌革卦影，通知黃白藥術」，與蘇東坡非常談得來。楊道士在黃州住了一年多，教了蘇東坡一種蜂蜜釀酒法。蘇東坡一向喜歡甜食，這下正合胃口。

蜜酒釀製成功，雖然酒精度數偏低，並不足以醉人，但畢竟也可以躋身於「釣詩鉤」

之列。蘇東坡的詩興又被勾起來了，揮毫寫下了一首〈蜜酒歌並敘〉吹噓：

西蜀道士楊世昌，善作蜜酒，絕醇釅。余既得其方，作此歌遺之。

真珠為漿玉為醴，六月田夫汗流泚。
不如春甕自生香，蜂為耕耘花作米。
一日小沸魚吐沫，二日眩轉清光活。
三日開甕香滿城，快瀉銀瓶不須潑。
百錢一斗濃無聲，甘露微濁醍醐清。
君不見南園採花蜂似雨，天教釀酒醉先生。
先生年來窮到骨，問人乞米何曾得。
世間萬事真悠悠，蜜蜂大勝監河侯。

泚（ㄘˇ）：流汗。

作為農夫的蘇東坡知道糧食來之不易。農夫在六月的天空下汗流浹背地勞動，這是他們的典型形象。現在，有了這種蜂蜜釀酒法，既能有酒喝，還可以節省不少糧食，蘇東坡心中當然大為得意，看到滿園蜜蜂嗡嗡嗡地採花釀蜜，覺得簡直是老天送酒給自己——「蜂為耕耘花作米」，天下竟有這等好事！

接下來，他詳細描述了蜜酒發酵的整個過程：先是泛起一些細碎的泡沫，之後酒液變得清澈。及至釀熟，打開酒甕，醇香瀰漫，濃釅醉人。

但是，什麼叫「蜜蜂大勝監河侯」？

《莊子》中記載了一個莊周向監河侯借米的故事，吝嗇的監河侯不願意借米給家境貧寒的莊周，推託說：「等我收了地租，再借給你三百金。」莊周聽了很生氣，便講了個「涸轍之鮒」的故事，說有一天他在路上走著，聽見有誰大呼「救命」的聲音，原來是滯留在車轍裡的一條鯽魚。因為車轍裡的水眼看就要乾涸了，鯽魚請求莊周給牠一桶水，救牠一命。於是莊周說：「好啊！我去南方勸說吳王和越王，引西江水來救你，可以嗎？那裡是水鄉澤國，河水豐沛。」鯽魚怒道：「你是什麼意思！明明只要一桶水就可以救活我，而你卻要到南方之後，引西江的水來救我。要是這麼說，到那時，你恐怕只能到魚乾店找我了！」

而蘇東坡的意思是，慷慨的蜜蜂給了他蜂蜜，比世間那些慳吝又虛偽的小人不知好了幾倍。

為了不讓這蜜酒釀造祕笈失傳，蘇東坡又特地寫了一篇題為〈蜜酒法〉的小文，傳與後世：

予作蜜格與真一水亂，每米一斗，用蒸麵二兩半，如常法，取醅液，再入蒸餅麵一兩釀之。三日嘗看，味當極辣且硬，則以一斗米炊飯投之。若甜軟，則每投更入麵與餅各半兩。又三日，再投而熟，全在釀者斟酌增損也，入水少為佳。

看來，這個蜜酒的釀製法相當複雜，而且其間變數頗多。需要蜂巢（蜜格）加上山泉或井水，再加入米和蒸過的麵團，如果經過這些工序後，發酵均正常進行，便可以再加入米飯，然後是麵團和餅。這樣釀出來的酒口感甜美，與那些辛辣的烈性白酒自然大異其趣。

不過，宋代的蜜酒似乎不止這一個方法，比如「蜜酒法」、「秦中蜜醞法」等，就都比蘇東坡的釀酒法簡單很多。

但身為天才的推廣家，蘇東坡總有辦法讓他的產品比別人的更廣為人知。

他其中一個辦法就是不停碎碎唸，寫完了第一首〈蜜酒歌〉還不夠，緊接著是〈又一首答二猶子與王郎見和〉，是寫給來黃州探望他的兩位姪子和王子立的：

脯青苔，炙青蒲，爛蒸鵝鴨乃瓠壺。
煮豆作乳脂為酥，高燒油燭斟蜜酒，貧家百物初何有。
古來百巧出窮人，蒐羅假合亂天真。
詩書與我為麴糵，醞釀老夫成搢紳。
質非文是終難久，脫冠還作扶犁叟。
不如蜜酒無燠寒，冬不加甜夏不酸。
老夫作詩殊少味，愛此三篇如酒美。
封胡羯末已可憐，不知更有王郎子。

燠（ㄩˋ）：暖，熱。

《盧氏雜說》中記載，唐代兩度拜相的鄭餘慶，有一次請親朋和幾位同僚吃飯，他命僕人吩咐廚師，把食物蒸爛一點，去毛，小心不要把脖子折斷了。被請來做客的親朋們互換眼神，以為一定有清蒸的鵝或鴨子吃。結果過了老半天，終於等到開飯，每個人面前卻只有一碗米飯和一個蒸葫蘆。眾人相顧苦笑，只能勉強下嚥。

蘇東坡隨口用這個典故開了頭，他說：

把青苔製成乾肉，再炙烤一下那野蒲，
蒸得酥爛的鵝鴨其實是葫蘆。
把煮熟的豆漿當成牛奶，
把油脂當作酥油，燃亮燈燭來斟滿蜜酒，
窮人家原來哪有這麼多東西？
自古以來千般智巧都來自草莽們的創造，
把那麼多假物都變成了天然的真物。
至於詩書，就好像那釀酒的酒麴，
把蘇東坡我釀來釀去，最終釀成了一個官吏。
但是我本身呀還是不適合做官，
所以沒多久就脫下官帽當了老農。
還不如這蜜酒根本不用在乎是涼是熱，
冬天不用加糖，夏天也不會發酸。
老夫我作的詩呀沒什麼味道，

幸好你們這三首詩，像蜜酒一樣美妙。
雖說當年那謝家四子已經夠有才了，
誰知道今天我們的王郎比他們更好！

詩末尾處提到的「封胡羯（ㄐㄧㄝˊ）末」，來自一個有名的典故：

晉代安西將軍謝奕之女謝道韞，嫁給了王羲之的次子王凝之。剛嫁過去不久，這一天謝道韞回娘家探親，鬱鬱不樂。叔父謝安因此問她：「王家既是名門望族，王凝之也算青年才俊，妳怎麼這麼不高興？」謝道韞答道：「我們家叔父之中有阿大（謝尚）、中郎（謝據），堂兄弟中有封（謝韶）胡（謝朗）羯（謝玄）末（謝川）——王郎跟你們比，實在是天上地下啊！」

後世因此便用「封胡羯末」來稱美兄弟子姪。而此時陪伴在蘇東坡身邊的，除兩位姪兒，恰巧也有一位「王郎」。

既然老師對自己的蜜酒這麼敝帚自珍，門生自然也要緊步跟上，晁補之和秦觀喝過老師釀製的蜜酒之後，晁補之寫詩稱讚：「雪堂蜜酒花作醅，教蜂使釀花自栽。」秦觀的蜜酒讚美詩則是：「蜂蜜而今釀玉液，金丹何如此酒強。」弟弟蘇轍當然也不能輸，也作了一首詩曰：「蜂王舉家千萬口，黃蠟為糧蜜為酒。口銜潤水拾花鬚，沮洳滿房何不有。」蘇轍還如法炮製，把蜜酒送給朋友：「床頭釀酒一年餘，氣味全非卓氏壚。送與幽人試嘗看，不應知是百花鬚。」——奇怪，明明蘇東坡的蜜酒只需要釀七天左右，蘇轍的蜜酒卻釀了一年多，和當年卓文君當壚所賣之酒的味道一定不一樣，但恐怕和其兄大蘇釀的蜜酒味道也不同。

比蘇東坡晚出生一百年的張邦基，自稱得到了蘇東坡在黃州所釀的蜜酒配方，但他記錄的配方卻與蘇東坡的釀酒法風馬牛不相及。

蜜酒是低濃度酒，能喝酒的人多半不屑喝這種像飲料的東西，所以它在宋元兩代流傳不廣，至明清時就逐漸無人問津了。但在蘇東坡生活的時代，它有一個很大的好處，這個好處能在蘇東坡寫給吳君采的信中見到：

近日黃州捕私酒甚急，犯者門戶，立木以表之。臨皋之東有犯者，獨不立木，怪之，以問酒友，曰：「為賢者諱。」吾何嘗為此，但作蜜酒爾。

因為當時的製酒業被官方壟斷，私自釀酒屬於違法行為，要受到處罰，因此蘇東坡為喝一口「壓茅柴」到處求之不得。但蜜酒度數低，和官售的白酒不同，所以並不在違禁之列。

但是，這蜜酒真的像蘇東坡誇口的「三日開甕香滿城」這麼美妙嗎？

據說蘇東坡去世後，有人向蘇邁和蘇過要其父釀造「蜜酒」和「蜜柑酒」的祕方。蘇過說，家父只釀過一、兩次蜜酒，而蜜柑酒的味道就像屠蘇酒，並沒有什麼特別。據說朋友們喝了蘇東坡在黃州所釀的「蜜酒」，還常常腹瀉呢。

3

到了惠州，情形又有所不同。

惠州本是瘴癘之地，需要喝酒以抵禦瘴氣，再加上天高皇帝遠，所以沒有酒禁。蘇東坡在惠州又結交了幾位道士朋友，他們將一種釀桂酒的方法傳授給他。

閒著也是閒著，蘇東坡逐一考證了《禮記》、《楚辭》、《本草綱目》諸多古籍，甚至還摘抄了《仙經》和藥王孫思邈的名言，確認桂酒不僅頗有淵源，還有養神烏髮等功效，並說明桂皮雖然小有毒性，但菌桂和牡桂卻是無毒的，可以用來釀酒。

蘇東坡的桂酒後來也釀製成功了。據他自己說，這種酒「釀成而玉色，香味超然，非人間物也」。為此他又寫了一篇〈桂酒頌〉，說用桂皮釀酒是「百卉甘辛角芳馨，旃檀沉水乃公卿。大夫芝蘭士蕙蘅，桂君獨立冬鮮榮。無所攝畏時靡爭，釀為我醪淳而清」。而喝了桂酒之後呢，他皮膚紅潤，簡直能御風而行，「肌膚渥丹身毛輕，泠然風飛罔水行」，將桂酒誇得神乎其神。

仔細推敲，這篇〈桂酒頌〉有可能是在蘇東坡剛學會釀製桂酒但酒還未熟時寫成的。在他喝到自己釀出的桂酒之前，先喝了朋友贈送的這種酒，便情不自禁地唱起〈桂酒頌〉——以蘇東坡的性情，這非常有可能。

所以，等到他自己的桂酒釀熟之後，自然又要寫一首〈新釀桂酒〉來誇耀一番：

擣香篩辣入瓶盆，盎盎春溪帶雨渾。
收拾小山藏社甕，招呼明月到芳樽。
酒材已遣門生致，菜把仍叨地主恩。
爛煮葵羹斟桂醑，風流可惜在蠻村。

葵：蔬菜名。羹：帶湯汁的肉食。醑（ㄒㄩˇ）：美酒。

看來這桂酒是藥酒的一種。今天的藥酒一般就是在現成的白酒中泡入中藥材，但蘇東坡的這種藥酒卻是要先把桂皮搗成粉末並過篩，然後和米飯、酒麴等攪拌均勻，待其發酵而成，因此釀成之酒如春溪帶雨，有一點渾濁。

相傳西漢淮南王劉安的門客小山作有〈招隱士〉，第一句便是「桂樹叢生兮山之幽，偃蹇連蜷兮枝相繚」，而「招呼明月到芳樽」，則完全是蘇東坡的神來之筆——既然月亮上也有桂樹，那麼酒杯裡滿斟的桂酒倒映著天上的一輪明月，這便有「酒中有月，月中有酒」的神韻了。

蘇東坡品葵羹桂醑，持芳樽酌飲，只可惜身處南方的荒蠻小村，但這也算是貶謫生活中的點滴慰藉吧？

4

蘇東坡這樣愛酒，他甚至寫了一篇小品文〈酒名〉，收在《仇池筆記》裡。文中蒐羅了一大堆唐代的酒名，最後得出一個結論：

退之詩云：「且可勤買拋青春。」《國史補》云：「酒有郢之富水春，烏程之若下春，滎陽之土窟春，富平之石凍春，劍南之燒春。」杜子美詩云：「聞道雲安麴米春。」裴鉶《傳奇》亦有酒名松醪春，乃知唐人名酒多以春。

既然唐代名酒多以「春」字命名，而當時的惠州也有一種酒叫「萬家春」，蘇東坡索性將之發揚光大——他住在羅浮山下，便將山名順手借來，替自己釀的酒取名為「羅浮春」，且看〈寓居合江樓〉：

海上蔥曨氣佳哉，二江合處朱樓開。
蓬萊方丈應不遠，肯為蘇子浮江來。
江風初涼睡正美，樓上啼鴉呼我起。
我今身世兩相違，西流白日東流水。
樓中老人日清新，天上豈有痴仙人。
三山咫尺不歸去，一杯付與羅浮春。

註冊專利與商標是近代的事情，但早在將近一千年前，蘇東坡就已經心中有數了——他特意在詩中末句下面自注：「予家釀酒，名羅浮春。」不需要花一文錢，便牢牢掌握了這項專利。

這個羅浮春酒，最初應該指的是一種與桂酒不同的糯米酒。但蘇東坡無意故步自封，恰恰相反，他似乎想要把「羅浮春」開發成系列酒品。

某天深夜，家人皆已入寢，與蘇東坡交往甚密的羅浮山道士鄧守安忽來叩門。在鄧道士身後，跟著一位身材高大、頗有呂洞賓風采的人物，以桄榔葉為衣，手中提著一斗酒，自稱是「真一酒」。於是三人坐下暢飲，蘇東坡大醉。告別之前，那位客人從袖子裡抽出一本書送給大蘇，書的末尾處竟然標：九霞仙人李靖所書。

因為醉酒，記憶一片朦朧，蘇東坡的印象亦真亦幻，以致他自己也不確定這是真實發生過的事情，還是一場夢境。於是他認定，這是神仙送給他的釀酒祕笈，遂為此酒取名為「真一酒」，說釀出來的酒味，像極了駙馬王詵家釀製的「碧玉香酒」。隨後，他寫了一篇〈真一酒法〉寄給朋友們，又寫了一首〈真一酒（並引）〉：

米、麥、水三一而已，此東坡先生真一酒也。

撥雪披雲得乳泓，蜜蜂又欲醉先生。
稻垂麥仰陰陽足，器潔泉新表裡清。
曉日著顏紅有暈，春風入髓散無聲。

人間真一東坡老，與作青州從事名。

王魯齋在〈造化論〉中說：「麥受六陽之全，故就實而昂；稻分陰陽之半，則未實而俯。」認為麥子得陽氣，稻子得陰氣，故麥穗面向天，稻穗下垂。而真一酒中既有稻米又有麥子，所以陰陽俱足。蘇東坡說，打開酒甕，那玉色的真一酒，味道很像他在黃州所釀的蜜酒。早上喝了真一酒，滿面紅暈，春風一吹，酒氣如入骨髓。

《世說新語》記載，東晉權臣桓溫手下有一位主簿，特別善於品酒。他把好酒稱作「青州從事」，因為青州有個齊郡，齊與「臍」同音，好酒的力道會直達到臍部；把劣酒稱為「平原督郵」，因為平原郡有個鬲縣，鬲與「膈」同音，劣酒的酒力只能到達胸腹之間。當然，作為官職，「從事」也非「督郵」所能及。因此，蘇東坡說自己在人世之間，追求真一之境，如今便用它來作美酒之名。

既然是神授之酒，那還得了！偏偏老道士吳復古來到惠州，每天不飲不食，只喝這真一酒，還真有點像「喝了我們的酒，仙風又道骨」。蘇東坡趕緊又寫了一首〈真一酒歌〉：

空中細莖插天芒，不生沮澤生陵岡。

涉閱四氣更六陽，森然不受螟與蝗。
飛龍御月作秋涼，蒼波改色屯雲黃。
天旋雷動玉塵香，起搜十裂照坐光。
跏趺牛噍安且詳，動搖天關出瓊漿。
壬公飛空丁女藏，三伏遇井了不嘗。
釀為真一和而莊，三杯儼如侍君王。
湛然寂照非楚狂，終身不入無功鄉。

針尖一般的麥芒直指天空，小麥不長於水中，而只長在乾燥的山丘。九月裡播種，四月裡成熟，它的生長經歷了四個嚴寒的節氣，從冬至後的「一陽」直到四月的「六陽」。而且，它也不會受螟蟲和蝗蟲的侵害。到了傳說中飛龍御月的四月，麥子進入了生命的秋天，田野中一片金黃。斗轉星移，天旋雷動，磨細的麵粉色澤如玉，散發出誘人的芳香。而蒸熟的饅頭上有十字裂紋，看上去更是光彩照人。修煉者跏趺（ㄐㄧㄚ ㄈㄨ，盤腿而坐，腳背放在大腿上），像牛反芻時一樣安詳，內氣動搖人之天關，口中滲出玉液瓊漿。陰性的水（壬公）飛到天空，陽性的火（丁女）伏地潛藏，猶如三伏的炎熱之氣遇到了冰涼的井水。用這些食材釀成的真一酒，秉性溫和又莊重。三杯下肚，飲者面色酡紅，但整個人卻清醒安靜，不像一般的酒徒那樣痴狂，從此終生逍遙，再也不會進入無功之鄉。

從麥芒插天到麥粒金黃，到蒸成麵餅釀出真一酒，再到喝酒後不僅不醉如狂人，反而越來越清醒端莊，每一句中似乎都注入了道家的玄機。

這首詩也因此被後世詩評家指為「道氣太重」，大概他們覺得，那個一向面對現實的蘇東坡，不應該隱身虛幻的道法之中，尋求慰藉。

但是，此「道」與彼「道」，在蘇東坡這裡，最終會合為「天道」——在這裡，他找到了自己一生中孜孜以求的圓融和安詳。

茶之味

1

熙寧五年（西元一〇七二年）八月，擔任杭州通判的蘇東坡奉命主持杭州鄉試。照理說這也算一份人盡其才的好工作，但蘇東坡的心裡卻很不情願。

為什麼呢？

因為這時候的科舉考試，所試內容與蘇東坡參加科考時已大不相同。按照王安石的取士新法，鄉試和會試均不再考詩賦經義，而改策論。蘇東坡認為這樣的考試改革簡直是笑話。但他又不能違命，於是就消極怠工，一來就寫了首〈監試呈諸試官〉的長詩，說什麼「諸君況才傑，容我懶且嗾。聊欲廢書眠，秋濤喧午枕」——各位考官都是人才，就讓我閉嘴偷個懶，聽聽松濤、睡睡午覺好了。

如此口無遮攔兼授人以柄，也難怪朝廷裡的革新派一看他的詩就不爽。

蘇東坡說到做到，在二十多天的鄉試期間，他過得自在又逍遙，好像這是他多得的假期。長晝無聊，他便煎茶喝，一面喝茶，一面坐在望海樓的窗前，遠眺著名的錢塘潮景色，不僅寫了〈望海樓晚景五絕〉，還得了一首〈試院煎茶〉：

蟹眼已過魚眼生，颼颼欲作松風鳴。
蒙茸出磨細珠落，眩轉繞甌飛雪輕。
銀瓶瀉湯誇第二，未識古人煎水意。（古語云煎水不煎茶）
君不見昔時李生好客手自煎，貴從活火發新泉。
又不見今時潞公煎茶學西蜀，定州花瓷琢紅玉。
我今貧病長苦飢，分無玉碗捧蛾眉。
且學公家作茗飲，磚爐石銚行相隨。
不用撐腸拄腹文字五千卷，但願一甌常及睡足日高時。

能看出，前四句就是後來他寫〈老饕賦〉煎茶一節的早期版本。

與今人習以為常的泡茶法不同，唐宋時期，主要採用煎茶法。而當時的茶葉也分為多種。被譽為「茶聖」的陸羽，在《茶經》中將茶葉總結為粗茶、散茶、末茶、餅茶四種。就如同今人習慣喝散茶一樣，宋代最流行的是餅茶。

飲用餅茶，先要炙烤，把餅茶內所含的水分烘乾，用火逼出茶的香味；然後將炙烤冷卻後的餅茶舂成碎末。這些是煎茶前的準備工序。

煎茶先要煮水，水也有講究。「其水，用山水上，江水中，井水下」，煎茶用山泉水為最佳，江河水次之，井水最差。煮水要用一種大口鍋。煮茶的燃料最好是用木炭，其次是硬柴，而沾染了羶膩和油脂較多的柴薪以及朽壞的木材都不能用。當時的茶道要求「緩火炙、活火煎」，「活火」指的是點燃後有焰、火力充足的燃炭。

接下來就是蘇東坡詩文中一再提到的「三沸」了。陸羽《茶經》裡的解說是：「其沸，如魚目，微有聲，為一沸；邊緣如湧泉連珠，為二沸；騰波鼓浪為三沸。以上老水，不可食也。」就是說，當鍋中的水開始出現魚眼般的氣泡，並微微有聲時，為第一沸；水的邊緣處像泉湧連珠時，為第二沸；到了水似波浪般翻滾奔騰時，為第三沸。經此三沸之後的水，謂之老湯，已不宜用來煎茶了。

要在水至一沸開始煎茶。先舀出一瓢水，放到一邊備用。隨即用竹夾取出一定量的茶末，在漩渦中心投下，再加以攪拌，攪時動作要輕緩，動作不熟練或者太急促都不行。當茶湯出現勢若奔騰的濺末時，將先前舀出的那瓢水倒進去，使沸水稍冷，停止沸騰，以孕育沫餑（ㄅㄛ）。沫餑是茶湯的精華，薄的叫沫，厚的叫餑，細輕的叫湯花。陸羽在《茶經》中形容細輕的湯花如棗花漂漂然於環池之上，又如回潭曲渚青萍之生，又如晴天爽朗有浮雲鱗然；薄的沫若綠錢浮於水湄，又如菊英墮於尊俎之中；厚的餑則「重華累沫，皤皤然若積雪耳」——這等細膩至極的韻致，今人只怕很難體會了。

這時候就要把鍋從火上拿下來，向茶碗中斟茶，並要求沫餑均勻。每次煎茶一升，酌分五碗，趁熱飲用。因為茶湯熱時重濁凝於其下，菁英浮於其上，待到茶湯冷卻了，菁英隨氣而竭，茶的芳香，也都隨熱氣散發了，飲之便索然無味。

了解了這些，再回過頭來看蘇東坡的煎茶詩，才能大致窺看其中的意趣。

唐代的李約嗜茶，經常親手煎煮，並稱「茶需緩火炙、活火煎」。而文彥博時封潞國公，極為講究茶具。蘇東坡說自己沒有錢，也沒有美女侍茶的福氣，但是每天能喝一點好茶、喝飽睡足就夠了，不需要滿腹只裝著學問文章。

「不用撐腸拄腹文字五千卷，但願一甌常及睡足日高時」，讀膩了勵志文章，偶爾看到這等慵懶文字，是不是忍不住心頭竊喜？

2

到了元豐七年（西元一〇八四年）七月，蘇東坡離開謫居地黃州，赴金陵，途中先遊了趟廬山，寫下了那首知名的〈題西林壁〉：

橫看成嶺側成峰，遠近高低各不同。
不識廬山真面目，只緣身在此山中。

蘇東坡一下就把欣賞廬山風景提升到了哲學的境界。

但蘇東坡從廬山帶走的可不止這一首詩，他還汲了些谷簾泉帶上。谷簾泉在廬山主峰大漢陽峰南面的康王谷中（今屬星子縣轄境），懸注近兩百公尺，猶如從天而降的一匹瓊布，故又稱「康王谷水簾水」。因為陸羽在評定天下最宜煮茶的各色水品時，將谷簾泉列為二十水品中的首品，稱「廬州康王谷水簾水，第一」，谷簾泉就此名揚四海，號稱「天下第一泉」。

作為一個資深品茶人，既然來遊廬山，「順手牽羊」這等好事，豈能不占？

之後蘇東坡便與好友王勝之會面，並相偕出遊。

王勝之是宰相王曙之子，本名王益柔，勝之為其字。和蘇東坡一樣，王勝之也反對王安石的新法，但他也和蘇東坡一樣，政見歸政見，私交歸私交，與王安石來往唱和並不少。在蘇東坡離開黃州的這一年，王勝之出任建康（今江蘇南京）太守，很快又被改派南京（今河南商丘）。藉著這個空檔，兩個人便同遊蔣山（今南京紫金山）。

正是此次出遊，蘇東坡寫了一首〈同王勝之遊蔣山〉，其中有「峰多巧障日，江遠欲浮天」之句，當時王安石正居於建康，讀後不禁嘆服：「老夫平生作詩，無此二句！」

也是此行見面之時，蘇東坡送給王勝之一些雙井茶葉，並把從廬山帶來的谷簾泉一併相贈。不但好茶配佳泉，蘇東坡還附贈一首〈西江月．茶詞〉：

> 龍焙今年絕品，谷簾自古珍泉。雪芽雙井散神仙。苗裔來從北苑。
> 湯發雲腴釃白，盞浮花乳輕圓。人間誰敢更爭妍。鬥取紅窗粉面。

龍焙（ㄅㄟˋ）是建溪名茶，而雙井茶屬於散茶。所謂「湯發雲腴釃白，盞浮花乳輕圓」，本是煮茶時的尋常意態，但經蘇東坡妙筆點染，便陡增香豔。

蘇東坡送給王勝之的這些雙井白芽茶不知是不是黃庭堅送給他的，因為雙井茶是黃庭堅老家分寧（今江西修水）的特產。三年以後，即元祐二年（西元一〇八七年），蘇東坡在京城任翰林學士知制誥期間，黃庭堅送給蘇東坡一些雙井茶，同時贈了一首〈雙井茶送子瞻〉：

人間風日不到處，天上玉堂森寶書。
想見東坡舊居士，揮毫百斛瀉明珠。
我家江南摘雲腴，落磑霏霏雪不如。
為公喚起黃州夢，獨載扁舟向五湖。

此時的黃庭堅看出老友兼老師又陷入了政治漩渦，婉言規勸蘇東坡及早退出是非之地，因為與其再經歷一場「黃州夢」，不如盡早學范蠡功成身退，泛舟五湖。

磑（ㄞˊ）：同「皚」，形容潔白的樣子。

來而不往非禮也，蘇東坡也回了一首〈魯直以詩饋雙井茶次韻為謝〉：

江夏無雙種奇茗，汝陰六一誇新書。
磨成不敢付僮僕，自看湯雪生璣珠。
列仙之儒瘠不腴，只有病渴同相如。

明年我欲東南去，畫舫何妨宿太湖。

《後漢書．黃香傳》中稱讚江夏人黃香「天下無雙，江夏黃童」，因黃香與黃庭堅同姓，所以蘇東坡以此讚美黃庭堅。而退居汝陰（今安徽阜陰）的歐陽脩，則稱讚黃庭堅新作的〈雙井茶〉詩書法上乘。受贈如此珍貴的好茶，磨碎之後不敢交給僮僕去煎，而由蘇東坡自己親自動手，眼見茶湯沸騰，生出魚眼般的水珠。

《漢書．司馬相如傳》中說，「相如以為列仙之儒居山澤間，形容甚臞」。所以蘇東坡說，他把長得瘦瘦的黃庭堅也視為神仙中人。而他自己呢，也像司馬相如一樣病渴，因此喜歡喝茶。等到明年，他就要乘著畫舫遊太湖啦。這是蘇東坡耳邊一直以來縈繞著的聲音吧。

只不過，直到兩年後，蘇東坡才爭取到離開京師的機會，跑到杭州去做他的逍遙太守。

3

送蘇東坡酒的人很多，送茶的當然也不單單有黃庭堅。

熙寧八年（西元一〇七五年）冬天，在密州太守任上的蘇東坡收到友人蔣夔寄來的茶餅。這個蔣夔不是後來的知名詞人姜夔，因為後者此時還沒有出生。兩年後，蔣夔赴代州任州學教授，蘇東坡和蘇轍兄弟二人均有詩送行，但除此之外，蔣氏其人未在歷史上留下多少痕跡。所幸，他餽贈的茶香瀰漫在蘇東坡〈和蔣夔寄茶〉的長詩之中，清氣裊裊，沁人心脾：

我生百事常隨緣，四方水陸無不便。
扁舟渡江適吳越，三年飲食窮芳鮮。
金齏玉膾飯炊雪，海螯江柱初脫泉。
臨風飽食甘寢罷，一甌花乳浮輕圓。

想起自己在杭州任通判的三年，吃著潔白晶瑩的米飯，嘗遍各種剛剛出水的河鮮海味，而吳中以鱸魚作膾，肉白如玉，菰菜為羹，菜黃似金，「金齏玉膾」令人目眩神迷。

在酒足飯飽、午醉初醒的時刻品一盅清茶，這樣的日子令人懷想不已。但是自從來到密州，從小橋流水的溫柔之鄉踏入莽莽蒼蒼的塞北沃野，一切都變了：

自從捨舟入東武，沃野便到桑麻川。
剪毛胡羊大如馬，誰記鹿角腥盤筵。
廚中蒸粟埋飯甕，大杓更取酸生涎（山東喜食粟飯，飲酸醬）。
柘羅銅碾棄不用，脂麻白土須盆研。

杓（ㄕㄠˊ）：勺子。柘（ㄓㄜˋ）：柘木。

密州的胡羊剪完毛後看起來仍舊像馬那樣龐大，讓初來乍到的蘇東坡有點大驚小怪。羊大得驚人就算了，此地的魚卻是又小又腥，非常難吃。更糟糕的是連白飯也沒有，蘇東坡只好入鄉隨俗，天天配著酸醬，吃玉米之類的粗糧。那些精緻的茶具在這裡根本派不上用場，那些優雅的情趣如今早已煙消雲散——因為這裡根本就不產茶。

蘇東坡覺得自己到密州後，飲食習慣大大改變，可是朋友們並未對他「士別三日，刮目相看」，以為他仍像以前那樣是位時尚達人，領潮流之先：

故人猶作舊眼看，謂我好尚如當年。
沙溪北苑強分別，水腳一線爭誰先。
清詩兩幅寄千里，紫金百餅費萬錢。
吟哦烹噍兩奇絕，只恐偷乞煩封纏。
老妻稚子不知愛，一半已入薑鹽煎。
人生所遇無不可，南北嗜好知誰賢。
死生禍福久不擇，更論甘苦爭媸妍。
知君窮旅不自釋，因詩寄謝聊相鐫。

北苑出產的龍焙是名茶，而與北苑鄰近的沙溪所產的茶，品質卻很差。蔡襄所著的《茶錄》記載：「茶色貴白，而餅茶多以珍膏油其面，故有青黃紫黑之異。」蔣夔不遠千里、花費重金寄來的這些茶餅，上面就塗了膏油，呈紫金色。只可惜蘇東坡沒多留意，竟被家裡的老妻稚子加上薑和鹽煎煮，吃掉了一半，真讓人心痛。但是人生在世要隨遇而安，所以也就別過分計較這些死生禍福、甘苦醜美之類的事情了。最後，蘇東坡表示用此詩聊寄謝意。

十四年後，元祐四年（西元一〇八九年）春，蘇東坡離開京城赴杭州。而就在前一年，他的詩〈送曹輔赴閩漕〉中的那位主角，如今擔任福建轉運判官的曹輔，從閩中寄給他一些新茶。

這茶不是一般的茶，是私焙的壑源茶。壑源在建溪，於福建任職的曹輔近水樓臺，獲得了非常好的茶餅，就趕快寄給蘇東坡。

喝了壑源春芽，蘇東坡頓覺飄飄然，有如親蒞茶山仙境，作詩一首〈次韻曹輔寄壑源試焙新茶〉：

> 仙山靈草溼行雲，洗遍香肌粉未勻。
> 明月來投玉川子，清風吹破武林春。
> 要知冰雪心腸好，不是膏油首面新。
> 戲作小詩君勿笑，從來佳茗似佳人。

仙境般的壑源茶山，湧動著的雲霧潤溼了靈草般的茶芽，遍洗了它嬌嫩的肌膚。圓月般的茶餅正投蘇東坡所好（唐代詩人盧仝自號玉川子，因嗜茶，被稱為茶中「亞聖」，這裡，蘇東坡以玉川子自喻），品嘗箇中滋味，有如習習清風吹到了杭州（武林是舊時杭州的別稱，因武林山得名）。這冰清玉潔的新茶不只品質優良，而且未經膏油粉飾——雖然在茶餅上塗以膏油是當時的流行，但蘇東坡似乎並不太喜歡這種做法。

以前在杭州任通判時感嘆「分無玉碗捧蛾眉」，現在蘇東坡的境界更高了，變成了「從來佳茗似佳人」——乾脆就把茶當成美人了。

後世有人靈機一動，把蘇東坡另一首〈飲湖上初晴後雨〉中的名句拿來與此句相嵌成聯：「欲把西湖比西子，從來佳茗似佳人。」美景佳茗，字字相照，堪稱絕配。

另有一首〈和錢安道寄惠建茶〉，未能查到其編年，有研究者認為是蘇東坡被貶謫海南後的作品。但我個人認為應該是「烏臺詩案」之前所作。

錢安道是常州人，蘇東坡打算定居宜興時，曾感嘆「此邦多君子」，錢安道便是其中之一。蘇東坡與錢安道相識於秀州，當時錢安道任秀州監稅。後來錢氏送給蘇東坡建茶，並作詩表達心意，於是蘇東坡作了這首詩答謝。

我官於南今幾時，嘗盡溪茶與山茗。
胸中似記故人面，口不能言心自省。
為君細說我未暇，試評其略差可聽。

建溪所產雖不同，一一天與君子性。

在當時，產自福建北部建溪（今建甌市）流域的茶被稱為「建茶」，因品質超群，在有宋一代最為知名，而其最佳者又在北苑（今建甌市東峰鎮境內）。宋代蔡寬夫在《詩話》裡就曾說：「自建茶出，天下所產皆不復可數。」大有吃建茶而小天下茶的意思。

森然可愛不可慢，骨清肉膩和且正。
雪花雨腳何足道，啜過始知真味永。
縱復苦硬終可錄，汲黯少戇寬饒猛。
草茶無賴空有名，高者妖邪次頑礦。

戇（ㄓㄨㄤˋ）：憨厚而剛直。礦：粗劣。

汲黯是漢時的東海太守，為人耿直厚道，敢於直言。而同是漢代人的蓋寬饒，秉性剛直，因上書言事，宣帝信讒不納，蓋寬饒竟引佩刀自殺。

但建茶固然如正直之士「骨清肉膩和且正」，草茶也未必差，不至於「高者妖邪次頑礦」。當時稱散茶為「草茶」，亦即未加工成團餅的茶葉。似乎當時的人們為圖省事，直接吃草茶者也不少。再說，前面提到的黃庭堅送給蘇東坡的茶以及蘇東坡送給王勝之的茶，都是雙井茶。送的人和收的人都覺得很自然，並不覺得雙井草茶是什麼「小人」。

但是在這段期間，不知蘇東坡受了什麼刺激，他在詩中把建茶喻為君子，大加貶斥草茶，說「草茶無賴空有名」，後面更寫草茶「性滯偏工嘔酸冷」，竟將草茶比成西漢張禹之流善弄權柄的小人了。雖然張禹等人也不乏學識，可惜終是行止有虧：

體輕雖復強浮泛，性滯偏工嘔酸冷。
其間絕品豈不佳，張禹縱賢非骨鯁。

說罷草茶不堪，蘇東坡還沒完，繼續誇建茶：

葵花玉䩷不易致，道路幽險隔雲嶺。
誰知使者來自西，開緘磊落收百餅。

䩷（ㄎㄨㄚ）：同「銙」，古代的一種裝飾品。

當時的建溪私焙，因非貢品，上面的標識不能用龍鳳圈模，而多採用各色花紋。錢安道送給蘇東坡的建茶，用的是葵花圖案。因塗了膏油，外觀美如黛玉：

嗅香嚼味本非別，透紙自覺光炯炯。
粃糠團鳳友小龍，奴隸日注臣雙井。
收藏愛惜待佳客，不敢包裹鑽權幸。
此詩有味君勿傳，空使時人怒生癭。

癭（一ㄥˇ）：頸部的瘤。

蘇東坡表示，他要把錢安道送給他的這些好茶珍藏起來招待貴客，絕不會拿去賄賂和鑽營權貴，以免明珠暗投。這首詩諷刺意味太濃了，所以他又叮囑錢安道不要外傳，以免那些恰巧被說中的人看到後氣到發病。

明知打擊者眾，偏偏就是要說。所謂「如蠅在食，吐之乃已」，蘇東坡才不管他吐出來的蒼蠅會不會讓人難受呢。

4

後來到了海南，在偏僻蠻荒的孤島上買不到好墨，蘇東坡便自己試著製墨。恰巧這時，金華墨工潘衡不辭勞苦地前來拜訪，兩個人便開始燒製松煙墨。後來潘衡回到江西，宣稱在海南得到蘇東坡的製墨祕笈，結果生意興隆，墨價奇高，仍供不應求。

收藏好紙好墨是蘇東坡的愛好之一。他曾經寫過一篇〈看茶啜墨〉的小品文，說早年嗜墨者如滕達道、蘇浩然、呂行甫等人，在天氣好又清閒的日子裡，研墨書寫之餘，竟然啜飲墨汁。而蔡襄嗜茶，年老生病不能喝茶，就拿著茶翻來覆去地把玩，以慰茶癮。蘇東坡覺得，茶就是用來喝的，而墨就該用來書寫繪畫，像看茶啜墨這樣的事很可笑。

不過，他在《仇池筆記》裡，同時也記下了另一個關於喝茶的心得：

除煩去膩，不可缺茶，然暗中損人不少。吾有一法，每食已以濃茶漱口，煩膩既出，而脾胃不知。肉在齒間，消縮脫去，不煩挑刺，而齒性便漱濯，緣此堅密。率皆用中下茶，其上者亦不常有，數日一啜，不為害也，此大有理。

以濃茶水漱口，既解了身體的煩膩之氣，又不至於傷到脾胃，還能健齒。不過，用好茶漱口，未免暴殄天物，所以蘇東坡建議用中下等的茶就好。

元符三年（西元一一〇〇年）春季的某天夜裡，蘇東坡在流經儋州的北門江畔汲水煎茶，寫下了〈汲江煎茶〉詩：

活水還須活火煮，自臨釣石取深清。

大瓢貯月歸春甕，小杓分江入夜瓶。
雪乳已翻煎處腳，松風忽作瀉時聲。
枯腸未易禁三碗，坐聽荒城長短更。

剛從江中取出的水當然是「活水」，「活火」如前所述，是指有焰的猛火。踩著江邊的釣魚石，汲取深江裡的清水。一輪明月映在江中，水瓢舀起江水，彷彿也舀起了月亮。之後再用小水瓢將江水舀入煎茶的砂鍋裡。茶水煮沸了，雪白的茶乳隨著煎得翻轉的茶腳漂了上來。斟茶時，茶水流瀉到茶碗裡，颼颼作響，像松濤之聲。

盧仝在〈謝孟諫議寄新茶〉一詩中寫道：「一碗喉吻潤，二碗破孤悶，三碗搜枯腸，唯有文字五千卷。」寫詩作文思路不暢，常用「枯腸」來作喻。而盧仝說喝三碗茶就可以治好「枯腸」，蘇東坡對此表示懷疑，認為治療枯腸不要止於三碗，不妨多喝一點吧。因為一喝完茶，就只能靜靜坐著，傾聽從這荒島上的小城傳來的更漏之聲。

沒有怨恨，沒有恐懼，當然也沒有嘲諷。有的只是寂寥，是無悲無喜的一片風平浪靜。

這時候的蘇東坡，有如茶已三沸，生命進入繁華過後的安寧和寂靜；又如同現代人飲茶，茶水經過三泡，最初的濃釅已然不再，唇齒之間，只留一片淡然的回甘。

國家圖書館出版品預行編目資料

味道東坡：苦日子也不能苦了肚子，貶到哪吃到哪的饕客文豪 / 沙爽 著 . -- 第一版 . -- 臺北市：策點文化事業有限公司 , 2025.08
面；　公分
ISBN 978-626-99845-1-0(平裝)
1.CST: (宋) 蘇軾 2.CST: 傳記
782.8516　　　　114009790

味道東坡：苦日子也不能苦了肚子，貶到哪吃到哪的饕客文豪

作　　者：沙爽
發 行 人：黃振庭
出 版 者：策點文化事業有限公司
發 行 者：策點文化事業有限公司
E-mail：sonbookservice@gmail.com
粉 絲 頁：https://www.facebook.com/sonbookss/
網　　址：https://sonbook.net/
地　　址：台北市中正區重慶南路一段 61 號 8 樓
8F., No.61, Sec. 1, Chongqing S. Rd., Zhongzheng Dist., Taipei City 100, Taiwan
電　　話：(02) 2370-3310　**傳　　真**：(02) 2388-1990
印　　刷：京峯數位服務有限公司
律師顧問：廣華律師事務所 張珮琦律師
經 銷 商：知遠文化事業有限公司
地　　址：新北市深坑區北深路三段 155 巷 25 號 5 樓
電　　話：02-2664-8800
傳　　真：02-2664-8801
香港經銷：豐達出版發行有限公司
地　　址：香港柴灣永泰道 70 號柴灣工業城第 2 期 1805 室
電　　話：(852)21726533
傳　　真：(852)21724355

定　　價：420 元
發行日期：2025 年 08 月第一版
Design Assets from Freepik.com